이어령의 교과서 넘나들기

콘텐츠 크리에이터 **이어령** | 글 **최경석** | 그림 **모해규, 김강섭**

역사편 **6** 역사란 무엇인가?

살림

생각을 넘나들며 다양한 지식을 익히는 융합형 인재가 되세요!

우리는 지난 몇 년간 엄청난 변화를 겪었습니다. 과학기술과 정보통신기술의 비약적인 발전으로 인해 지난 시절 몇 세기에 걸쳐 누적된 삶의 변동보다 훨씬 더 크고 빠른 변화를 경험해야 했던 것이지요. 스마트폰 같은 디지털 기기들과 트위터, 페이스북 같은 소셜 네트워크 서비스들은 불과 1~2개월의 시간 동안 우리 삶의 방식을 일순간에 바꾸어 놓았습니다. 당연히 지난 시절에 유용했던 생각과 지식 역시 크게 달라질 수밖에 없습니다. 이럴 때 우리 아이들은 미래를 위해 무엇을 준비하고 공부해야 할까요?

저는 이런 이야기를 좋아합니다. 옛날 어떤 사람이 우연히 산속에서 신선을 만났습니다. 신선에게 소원을 말하면 들어준다는 말에 그 사람은 신선을 붙들고 놓아 주지 않았지요. 그리고 신선에게 말했습니다. "저기 저 바위를 황금으로 바꿔 주세요." 다급해진 신선이 지팡이를 휘둘러 커다란 바위를 황금으로 바꾸어 주었습니다. "이제 놓아다오." 그때 그 사람이 눈을 반짝이며 말했습니다. "소원이 바뀌었어요. 그 지팡이를 제게 주세요."

이 이야기는 단순히 고기 잡는 방법을 가르쳐야 한다는 말이 아닙니다. '황금'이라는 창조물에서 황금을 창조하는 '방법'으로 생각을 이동시킬 수 있는 능력이 중요하다는 말입니다. 우리 아이들이 주역이 될 미래는 다양한 방면으로 바라보고 가로지르고 융합할 수 있는 '생각의 능력'이 더없이 중요해지는 시대입니다.

콜럼버스의 일화를 소개할까요. 콜럼버스가 신대륙에 상륙했을 때 어딘가에서 새소리가 들렸습니다. 콜럼버스는 그 새소리를 종달새 소리라고 적었지만, 나중에 밝혀진 바로는 그곳에 종달새는 살지 않았답니다. 콜럼버스는 자신이 알고 있는 지식에 묶여 새(bird) 소리를 새(new) 소리로 듣지 못했던 것입니다. 이런 관습적인 사고가 과거의 생각 방식이었다면 이제 중요해지는 것은 '순환적인 사고'와 '양면적인 사고', 서로 다른 분야를 함께 생각할 수 있는 '복합적인 사고'입니다.

다행히 우리 민족은 이미 오래전부터 이런 사고방식을 부지불식간에 사용하고 있었습니다. 언어적으로 봐도 서양은 한쪽 면만 표현하는 반면 우리는 항상 양면성을 고려했습니다. 고층건물에 있는 '엘리베이터'는 그 뜻을 해석하면 이상합니다. '오르는 기계'라는 뜻이니까요. 우리는 '승강기'라고 씁니다. '오르내리는 기계'라는 뜻이지요. '열고 닫는다'는 뜻의 '여닫이', 나가고 들어온다는 뜻의 '나들이', 이런 어휘들은 양면적인 사고가 잘 반영되어 있습니다.

순환적 사고란 무엇일까요. 가위, 바위, 보에서 '가위'의 의미에 주목해 보도록 하지요. 바위와 보만 있는 세계는 항상 결과가 자명한 세계입니다. 모두 오므리거나 모두 편 것, 이것 아니면 저것만 있는 세계에서는 다양함이 나올 수 없습니다. 그러나 '가위'가 있어서 가위, 바위, 보는 예측 불가능한 결과를 가져올 수 있는 다양성을 갖게 됩니다. 우리는 바로 그 '가위'와 같은 것을 상상해 내고 생각할 줄 알아야 합니다.

그러자면 서로 다른 분야를 넘나들면서 다양한 지식을 융합적이고 통섭적으로 습득해야 합니다. 쓰고 남은 천들은 버려지는 것이 아니라 조각보로 훌륭하게 다시 만들어질 수 있고, 배추 쓰레기가 '시래기'라는 웰빙음식으로 재탄생할 수 있게 만드는 지식의 습득과 활용이 필요합니다.

그렇게 자라난 우리 아이들은 과거와는 다르게 모두가 1등이 될 수 있는 사회에서 풍요로운 삶을 살 수 있을 것입니다. 저는 늘 이렇게 말합니다. "남다른 생각과 지식을 가지고 360도 방향으로 제각기 뛰어나가 그 분야에서 1등이 되어라. 옛날처럼 성적순으로 1등부터 꼴찌까지 줄 세우는 시절이 아니다. 그렇게 저마다의 소질과 생각에 맞는 분야에서 1등이 되어 손 맞잡고 강강술래를 돌아라. 그런 아름다운 세상에서 살아라."라고 말이지요.

스티브 잡스는 스탠퍼드 대학교의 엘리트들에게 이렇게 말했습니다. "Stay hungry, stay foolish!" 졸업하면 성공이 보장된 인재들에게, 그리고 최고의 지성으로 무장한 졸업생들에게 '항상 바보 같아라'라고 말한 것은 어떤 의미일까요. 기존의 지식으로 무장한 사람일수록 세상을 바꿀 뛰어난 생각은 바보같이 느껴진다는 의미가 아닐까요. 현재의 관점에서 불가능할 것 같고 황당하고 쓰임새가 없어 보이는 상상 속에 우리가 예측하지 못했던 엄청난 혁신과 가치가 숨어 있다는 것을 스티브 잡스는 말하고 싶었던 겁니다.

〈이어령의 교과서 넘나들기〉가 우리 젊은 학생들이 그런 행복한 미래(future)에 대한 비전(vision)을 갖는 데 꼭 필요한 융합형(fusion) 교양 지식을 익히고 생각의 넘나들기를 익힐 수 있는 좋은 계기가 되기를 바랍니다.

이어령

지식 대융합 시대의 창조적 교양인을 꿈꾸는 여러분께

현대 사회는 'T자형 인간'을 요구한다고 합니다. 'T자형 인간'이란 자기 분야는 물론이고, 다른 분야에도 깊은 이해가 있는 종합적인 사고 능력을 가진 사람을 일컫는 말입니다. 'T'자에서 '―'는 횡적으로 많이 아는 것을, 'ㅣ'는 종적으로 한 분야를 깊이 아는 것을 의미하지요.

왜 현대 사회는 T자형 인간을 원할까요? 그 이유는 21세기가 '지식 대융합의 사회'를 지향하고 있기 때문입니다. 현대는 하루가 다르게 새로운 개념의 첨단 전자 제품이 나오고, 그것이 우리의 지식 정보 전달 시스템을 통째로 바꾸고, 그 결과 문명의 방향이 달라지는 시대입니다. 이 변화무쌍한 현실을 이해하고 이끌어 나갈 수 있는 힘은 오로지 창조적이고 통합적인 상상력과 직관을 가진 'T자형 인간'으로부터 생산되기 때문입니다.

하지만 우리의 현실을 보면 앞이 아득합니다. 'T자형 인간'이 되어 21세기 대한민국을 이끌고 나가야 할 청소년들은 빡빡한 학교 수업과 학원 일정에 쫓겨 다람쥐 통의 다람쥐처럼 제자리 돌기만 하고 있습니다. 학교와 교과서를 통해 배운 지식을 단순히 입시 수단으로만 여기고 있습니다. 학교에서 배운 지식을 다른 지식과 잘 연결하고 융합시켜 지적 능력을 키우는 일에는 관심 밖입니다.

〈이어령의 교과서 넘나들기〉 시리즈는 안타까운 우리 청소년들의 지적 현실을 타개하기 위해 만든 책입니다. '5천 년 인류 문명이 이룩한 모든 교양을 만화로 읽는다.'는 생각으로 만화가 가지는 유머와 재미라는 틀 안에 그동안 인류가 축적한 다양한 지식을 담았습니다. 단순히 한 가지 학문만을 다루는 것이 아니라 다양한 학문이 통합된 융합형 교양 지식을 담아 청소년들이 현대 사회를 창조적으로 살아갈 수 있는 능력을 기를 수 있도록 만들었습니다.

인류 문명의 토대가 되는 지식을 담은 재미있고 명쾌하지만 결코 가볍지 않은 멋진 만화책들이 차례로 독자들 앞으로 찾아갈 것입니다. 우리 청소년들이 이 책들을 읽고 '지식의 대융합 시대'를 선도하는 'T자형 인간'을 꿈꾸는 모습을 보기를 간절히 소망합니다.

기획 **손영운**

역사는 우리와 세계를 관통할 수 있는 미래의 눈!

'모든 길은 역사로 통한다!'라는 말을 한 번 지어 보았습니다. 세계를 제패했던 로마와 그 길처럼, 저는 이번 기획과 집필 내내 결국 인간과 세계의 모든 것을 하나로 관통할 수 있는 키워드는 '역사'라고 생각했습니다. 특히 '컨버전스'라는 말 그대로 과거와 현재의 대화와 융합을 통해 우리는 앞으로 발 딛을 미래에 대해 새롭게 길을 조금이나마 내다보거나 만들어 갈 수 있다고 여겼습니다.

흔히 과거의 시간과 사건, 인물 등으로 구성되어 있는 역사를 살펴보는 방법과 그 내용은 무궁무진합니다. 오히려 이러한 열린 가능성이 역사를 암기의 대상으로, 즉 닫힌 구조로 우리가 맞게 된 모순이 발생한 원인인지도 모르겠습니다. 제가 쓴 내용이 그 역설적인 상황을 조금이나마 뒤집고 우리 자신과 세계에 대해 좀 더 나은 해석과 이해가 될 수 있는 단초가 되기를 바랍니다.

글 최경석

골치 아픈 역사, 재미있는 역사

저는 '역사'라고 하면 시험 때마다 외우고 또 외어야 했던 힘들었던 기억이 떠오릅니다. 5천년이나 되는 우리의 긴 역사를 한탄하면서 말입니다. 또 드라마를 통해 접하게 되는 역사는 너무 단편적이고 비현실적이라는 생각이 대부분이었습니다.

그런데 이 만화를 그리며 역사 속의 사건과 인물들을 통해 현재와 미래를 가늠해 볼 수 있는 여러 가지 시각을 접하면서, 이 만화를 읽는 독자들은 더 재미있는 역사를 만날 수 있을 것이라는 생각을 했습니다.

'역사는 흐른다.'라는 말이 있습니다. 역사가 단순히 지나간 시간의 결과가 아니라 현재에 있어, 또 미래에 어떤 의미를 가지게 되는지가 중요하다는 뜻일 것입니다. 이 책을 읽는 여러분들이 재미있는 역사를 만나고, 자신이 훗날 어떤 역사를 만들게 될지를 생각하는 계기가 되었으면 좋겠습니다.

그림 모해규

이어령의 교과서 넘나들기

역사편 **6**

1장 역사를 소비하는 21세기 팩션의 시대
역사

카니자 삼각형에 대해서 들어본 적 있니?
게의 집게발처럼 생긴 팩맨(Pac-man)이 있는 그림인데,
카니자 삼각형

세 개의 팩맨을 보고 있으면
그 사이로 하얀 삼각형이 보일 거야.

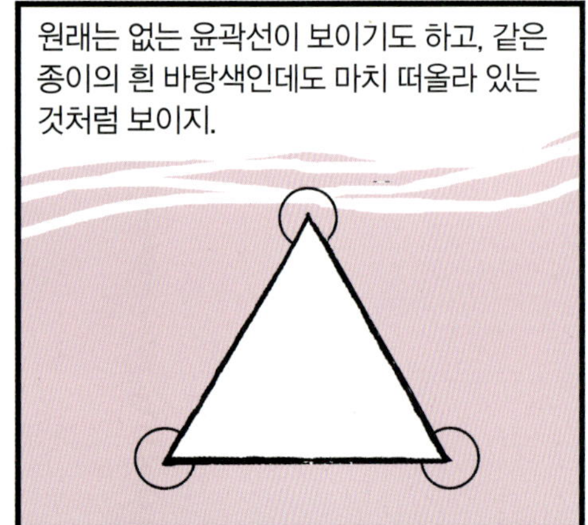

원래는 없는 윤곽선이 보이기도 하고, 같은
종이의 흰 바탕색인데도 마치 떠올라 있는
것처럼 보이지.

이것은 사실 물리적으로는 존재하지 않는 삼각형이야.
보는 사람의 시각 속에서만 나타나는 가상공간이지.

이 가상의 삼각형을 가지고 우리 주변에서 접하게 되는 역사의 얼굴에 대해 이야기해 보자.
역사
역사
역사

첫 번째 팩맨, 역사는 과거에 정말 있었던 '사실'을 말해.
나도 사실을 말하지.
거짓말 아!
쑤욱

두 번째 팩맨, 우리는 현재의 역사가들이 주관적인 평가와 해석을 덧붙여 '기록'한 책이나 교과서 등을 통해 역사를 배워.

그런데 이 두 가지 팩맨으로는 조금 부족하지.

요즘 역사책을 보는 사람은 매우 드물어.
어쩔 수 없이 교과서를 봐야 하는 학생들이나 보겠지.
드르

오히려 우리 주변에서 만나는 역사란 〈왕의 남자〉나 〈태왕사신기〉 같은 대중문화 속 사극이야.

동북공정(東北工程): 중국 국경 안에서 일어난 모든 역사를 중국 역사로 만들기 위해 2002년부터 중국 정부가 추진하고 있는 동북부 지역 역사에 관한 프로젝트.

이른바 '팩션(Fact+Fiction)'이라고 불리는 역사 가공물의 등장,
콩
쿠웅
팩션

이것이 카니자 삼각형의 마지막 팩맨이야.
응애

이렇게 과거의 '사실'과 역사가의 '기록', 그리고 '팩션'과의 만남으로

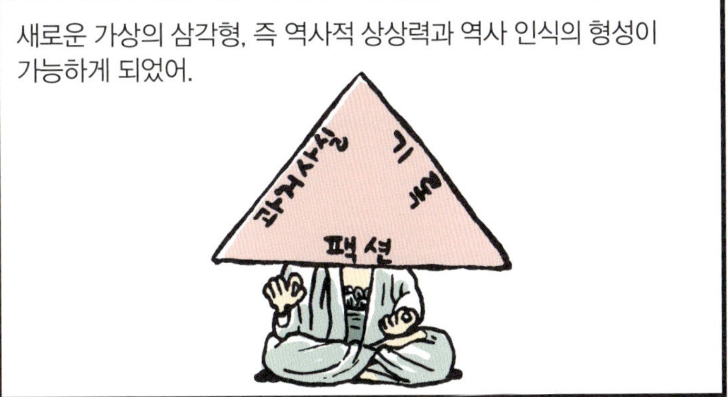

새로운 가상의 삼각형, 즉 역사적 상상력과 역사 인식의 형성이 가능하게 되었어.
과거의 사실
기록
팩션

예를 들면 폭군의 대명사인 연산군에 대해 역사적으로 탐구해 본다고 하자.
어디 해 보거라.
무서.

우선 연산군 시대의 사실을 알 수 있는 실록 『연산군일기』를 찾아봐야 하겠지.
燕山君日記
두둥

하지만 비록 한글로 번역이 되어 있다고 하더라도 일반인이 실록을 읽는 건 쉽지 않고,
끙~
일…조…하…경…연에 납시었다?!
이거 한글 맞아?!

교과서에는 연산군에 대해 몇 줄 안 되는 서술만 남아 있어.
요게 다야?
꿈틀
연산군 폭군
연산군, 릴랙스!!

무오사화(戊午士禍)

1498년 유자광 등의 훈구파에 의해 김일손 등의 사림 세력이 화를 입은 사건이다. 김일손은 스승인 김종직의 글 「조의제문(弔義帝文)」을 『성종실록』에 실으려 했다. 「조의제문」은 김종직이 꿈에서 항우에게 죽은 초나라 회왕을 본 뒤에 그를 애통해하며 지은 글이다. 그런데 회왕은 단종을, 항우는 세조를 의미하므로 세조의 왕위 찬탈을 비난했다고 유자광 등의 훈구 세력이 주장하면서 대역죄로 몰았다. 결국 이미 죽은 김종직은 부관참시(剖棺斬屍: 죽은 뒤 큰 죄가 드러난 사람에게 극형을 내림)를 당하고, 김일손을 비롯한 몇 십 명의 사림이 처형당하거나 귀양을 갔다.

갑자사화(甲子士禍)

즉위 후 생모인 폐비 윤씨의 일을 알게 된 연산군은 폐비의 묘를 새로 단장하고 제헌왕후로 봉하는 등 폐비의 추숭을 진행하는데, 이러한 행동은 성종의 유언에 어긋난다는 반대에 부딪혔다. 이에 연산군은 폐비의 억울함을 푼다며 성종의 후궁을 궁궐에서 때려죽이고, 성종 때 폐비의 죽음을 주장한 자와 반대하지 않은 자까지 모두 찾아 내 죄를 주었다(甲子士禍). 갑자사화로 무오사화 때 이미 화를 입은 사림뿐 아니라 훈구 대신들까지 화를 입게 되었다. 갑자사화로 훈구파도 쇠퇴하고 정치는 왕의 외척과 궁중파 관료를 중심으로 이뤄지게 되었다.

결국 중종반정과 같은 정치적 사건이 일어나는 중요한 시기야.

중종반정(中宗反正): 1506년 조선 제10대 왕 연산군을 몰아내고 진성대군을 왕으로 추대한 사건.

천만 관객이 넘게 봤다는 영화 <왕의 남자>는 그런 점에서 주목할 만해.
이 영화의 주인공은 재밌게도 기존의 역사책이나 사극에 전혀 등장하지 않던 광대야.

그리고 이 광대의 시선을 통해 왜 연산군이 폭군이 될 수밖에 없었는지,

또 그런 정치적 사건이 왜 일어날 수밖에 없었는지에 대한
why?

역사적 질문과 답을 대중 스스로 찾게끔 만들었어.
역사
!

소재와 주인공, 관점 등이 신선하면서도,

고리타분하고 먼 옛 일로만 여겨지며,
역사

단순히 폭군으로만 알고 있던 연산군에 대해 깊은 생각을 하게 만드는 영화야.
……

이런 영화 한 편이 오히려 어렵게 쓰인 수많은 역사책보다 역사 인식을 하는 데
더 큰 공을 세운 건지도 모르지.
청강극장
상영관
와글
와글

자본주의 사회에서 이윤을 얻기 위한 하나의
상품이라고 치부해 버릴 수도 있지만

오늘의 대중이 역사를 바라보고 이해하는 방식이
어떤지를 새삼 생각해 보게 하는 예이기도 해.
역사

역사를 소비하는 것 속에서
오아아악
사극
사극
사극

당시 아마 이렇지 않았을까 하는
역사적 개연성을 추측하면서 역사에
대한 생각의 범위가 넓어지는 경우야.

이런 것은 드라마 〈대장금〉에서부터
오나라 오나라
탁탓탁

〈태왕사신기〉나 〈주몽〉까지
계속해서 이어지고 있어.

아마도 그런 역사의 가공물이 과거에 대한 호기심과 관심을 충족시켜 주기 때문일 거야.

또 사극 드라마의 내용이 어디까지가 진실이고 어디까지가 허구인지를 놓고 말들이 많기도 해.
탕

이런 드라마가 오히려 올바른 역사 인식을 해치는 주범이 될 수도 있다는 우려 때문이야.
상윤 ?
교과서

드라마 〈주몽〉이나 〈대조영〉, 〈연개소문〉, 〈광개토대왕〉 등은 특히 고대사의 영웅들을 다루다 보니

일부 역사 왜곡이나 영웅주의적 관점 등이 역사학계의 우려를 사기도 해.
쟤네들 저대로 괜찮을까?
우르르

드라마 등의 대중문화가 교과서를 압도하면서 역사 왜곡이 나타나는 거지.
쩍!
TV

우리 민족의 시작이 되는 청동기 시대 환웅 부족에 대한 부분을 고구려 광개토대왕으로 연결시킨다거나,
실은 내가 환웅의 환생이란다.
막장?

당시에 존재하지 않았던 무기 등을 강조한다면 분명 문제가 있는 거야.
저건 어느 나라 디자인이여…
부웅

또 역사를 '영웅의 일대기와 업적'으로만 인식하지는 않을까 하는 우려도 생겨.
아빠, 담덕이 수진이랑 이어져?
담덕 죽어, 안 죽어?
으이구
역사공부하라고 TV 보여 줬더니만…

역사에서 영웅은 중요한 존재이지만,

역사는 평범한 농부나 노동자, 여성 등 다양한 존재들에 의해 계속되는 것이고, 시대의 특징과 사회 정책도 인물만큼이나 중요한 역사이기 때문이야.
음메~

또 고대의 영웅이나 왕을 신비화하는 경우는 그 시대에 대한 단순한 찬미가 될 뿐이지, 어떤 사회였는지를 아는 것과는 거리가 멀게 되지.
응애
왕이 알에서 태어나든 말든
우린 농사를 짓는다.

예를 들어 광개토대왕의 고구려가 정복을 통해 영토를 넓히는 것을 보며
펄럭

민족주의적 감수성이 일어나겠지만,
불끈!
피가 끓는구나!

엄연히 고구려는 왕이나 귀족 등 극소수를 제외하고는

대부분의 사람들이 왕과 국가의 명령에 복종해야 하고
가자

자신의 의지와 상관없이 전쟁터나 노역장으로 끌려가야 하는
헹!

고단한 삶을 살아가는 고대 사회였어.

그런 점에서 역사를 소비하는 오늘날의 팩션 시대에는 더욱 더 역사를 이해하는 올바른 자세가 자연스럽게 요구되는 거야.

실제 중고등학교에서 사극 드라마의 일부가 수업에 활용되기도 하고,

토론 주제로 사용도 하며 오늘날의 대중문화 속 역사를 적극적으로 다루고 있어.

그리고 드라마 속에서 논란이 되는 것은 학생들과 함께 직접 찾아보며 사실과 상상력을 함께 동원하기도 하지.

몇 년 전 방영되었던 TV 사극 〈연개소문〉에서는

고구려군이 당태종의 군대를 무찌른 안시성 전투에 대해

그 성주를 우리가 흔히 알고 있는 양만춘 장군이 아니라 연개소문인 것으로 묘사해 논란이 된 적이 있어.

안시성 전투라고 하면 성주 양만춘이 화살로 당태종의 눈을 맞추었고,
크악
퍽

당나라 대군을 무찌른 것으로 알고 있는데,
돌진하라!

드라마에서는 연개소문이 바로 안시성 전투를 지휘한 것으로 나와.
비켜!
퍽
컥

이런 논란이 일어났을 때 우리는 좀 더 관심을 가지고 과거를 확인하기 위한 탐험을 시작할 수 있지.
이건 아닌데….

먼저 안시성 전투가 기록되어 있는 문헌을 찾아보자.
삼국시대와 관련되어 먼저 떠오르는 사료라고 하면…
역시 『삼국사기』지!

학교 도서관이나 주변 도서관에 가면 한글로 번역이 된 『삼국사기』를 쉽게 찾을 수 있어.
여깄다!

『삼국사기』 제21권 고구려 본기 보장왕편을 보면
펄럭

당태종이 직접 당나라의 군대를 거느리고 고구려의 백암성을 점령한 후
화르르

안시성으로 공격해 왔다는 사실이 서술되어 있어.
돌격ー!

그런데 아무리 찾아봐도 안시성 성주 이름이 양만춘이라든가 당태종이 화살에 맞았다는 내용은 기록되어 있지 않아.
진짜?
진짜 없어?
도리도리

송준길(宋浚吉, 1606년~1672년)

박지원(朴趾源, 1737년~1805년)

이 외에도 박지원은 같은 글에서 김부식이 중국 중심의 사대주의적 시각으로 역사를 서술했기 때문에,
내 전용 안경이지.
메이드 인 차이나

중국이 의도적으로 양만춘에 대한 기록을 남기지 않은 예를 그대로 따라 『삼국사기』에도 그의 이름이 빠진 것이라며 탄식하고 있어.
중국이 그렇다면 그런 거다.
메이드 인 차이나
아이고

여러분 중에도 이처럼 사극에서 호기심을 발전시켜 『삼국사기』나 『열하일기』 등과 같은 사료를 직접 확인해 보고

역사적 사실을 따져 보는 일을 한 사람이 있다면 정말 칭찬과 박수를 보내고 싶어.
흠칫
짜악 짝 짜악

이런 사극을 통해 역사와 소통하면 여러분의 머릿속 과거가 더 이상 먼 일만은 아닐 거야.
열얼
착

사극을 바탕으로 역사적 진위를 따져 보았다면,
진실의 종아,
뎅
울려라!
뎅

이번에는 사극처럼 풍부한 역사적 상상력을 발휘하여

기록에 빠졌거나 미진한 역사의 일부를 추측해 보고 복원해 보는 건 어떨까?

광개토대왕에 대한 사극 〈태왕사신기〉에서 특히 고구려와 백제가 치열하게 싸운 관미성 전투가 주목을 받았어.

관미성은 원래 백제의 성이고 전략적 요충지였는데,

광개토대왕이 갖은 고난을 겪으며 이를 결국 차지한다는 이야기지.
이럇

그런데 드라마에서 이 관미성을 차지하기 위한 전투는 주로 육지에서 일어났지.
?

만주와 한반도를 호령한 광개토대왕이라고 하면 육군의 최강자라고 누구나 쉽게 생각할 거야.

그런데 만약 이 관미성 전투를 180도 다르게 바라보면 전혀 다른 전투라는 상상이나 추측도 가능해.

『삼국사기』에는 관미성 전투에 대해 매우 짧게 언급했는데,
삼국사기

그 짧은 기록에도 불구하고 관미성 전투가 매우 치열했으며,

육군이 중심이 아니라 수군 중심으로 벌어진
전투라는 생각을 할 수 있게 해.

관미성은 고구려와 백제 모두에게 중요한
전략적 요충지이자 우리나라 서해안에 위치한 곳으로,

중국으로 바로 통하는 바다의 요새라는 거야.

『삼국사기』 고구려 본기 광개토대왕편에는 관미성 전투에
대해, '겨울 10월에 백제의 관미성을 쳐서 함락시켰다.

그 성은 사면이 깎아지른 절벽이고,

바닷물이 둘러 있었기에

왕이 군사를 일곱 갈래로 나누어 20일 동안 공격해서야
함락시켰다.'라고 나와 있어.

여기서 '일곱 갈래'라는 말에 '바다를 이용하여'라는 말을 추가해 봐봐.

그리고 앞에 나오는 '바닷물이 둘러 있어'라는 말과 연결해 보면 좀 더 이해하기 쉬울 거야.
호성국
바다

실제 오늘날 일부 역사가들은 바로 이렇게 관미성 전투를 해전(海戰)으로 이해하고 있어.

더 나아가 고구려를 강대한 해양 국가로 바라봐야 한다는 주장도 하지.

사극의 상상력을 뛰어넘어 한 발 더 나아가 보면

웃샤
이렇게 육군으로 강대국을 형성한 고구려가 아니라

새로운 모습의 고구려를 이해하는 역사의 통로가 열릴 수도 있어.

광개토대왕에 대한 고구려측 기록인 광개토대왕비문을 보면

왕이 직접 수군을 이끌고 백제를 토벌했다는 내용이 남아 있어.
진격하라

만약 〈태왕사신기〉의 관미성 전투를 이렇게 해전 중심으로 재해석했다면 더욱 더 흥미진진하고 볼거리가 많아지지 않았을까?

해양사의 관점에서 고구려와 광개토대왕을 바라보는 역사가들은

관미성을 오늘날 서해와 가까운 경기도 파주나 강화도로 추측해.

수군이라는 다른 관점에서 역사의 또 다른 모습을 추측해 보면

삼국 간의 영토 쟁탈 과정도 기존과 달리 해양사 중심으로도 볼 수 있는 거야.
고구려
동해
신라
황해
백제

맨 처음 언급했던 카니자의 삼각형을 다시 떠올려 봐.

오늘날 우리는 역사를 소비하는 시대에 살고 있어.
월화 사극 선덕여왕!

이제 대중문화 속에 나타나는 역사의 얼굴을 잘 활용하면

완벽하지는 않더라도 과거의 감춰진 모습을 찾을 수 있고,
역사

좀 더 들어가면 갈수록 역사의 구체적인 실상도 알게 되지.

사실 요즘 중고등학교에서 역사는 딱딱한 암기 과목으로 인식되면서 점차 학생들에게서 멀어지고 있어.
역사

이런 문제점을 극복하기 위해 사극과 같은 팩션을 역사 인식과 학습의 도구로 적극 이용하는 것도 괜찮은 방법일 거야.

대중문화에 나타난 역사의 다양한 얼굴을 통해 이제 우리는 본격적으로 '역사란 무엇인가' 등 역사가 우리에게 던지는 본질적인 질문에 대해 차례차례 살펴볼 거야.

역사는 과거라는 '시간',

인간이라는 '주인공',

그 밖에 정치, 경제, 문화 등의 요소가 한 데 어우러져

'실제 존재했던 모습'이 어떠했으며 그 속에 숨어 있는 사실과 진실,
그리고 해석과 평가까지 나타나는 거야.
?

앞으로 우리는 이렇게 역사의 의미와 역사를 구성하는 것을 하나씩 살펴보면서 우리 자신과 사회를 바라보는 또 다른 방식에 대해 이해해 보기로 하자.
2장에서 만나!
2장

'서동요'와 『춘향전』, 역사적 모티브로 인기를 끌다

역사적 사실(팩트)과 문학적 상상력(픽션)의 결합은 단지 오늘날에만 있었던 게 아니라, 예전에도 다양한 문학적인 형태로 유행했습니다. 대표적인 것이 『삼국유사』 속 '서동요'와, 조선 후기 구전으로 전승되다 판소리 계열의 소설로 정착된 『춘향전』이죠.

『삼국유사』 2권 「무왕조」에 실려 있는 '서동요'는 7세기 백제와 신라가 충돌하고 있는 상황에서 백제 무왕이 신라 진평왕의 셋째 딸인 선화공주를 사랑하게 되어 왕비로 맞이하게 된다는 내용입니다. '서동요'는 무왕이 머리를 깎고 중이 되어 신라로 잠입하여 성 안의 아이들에게 가르쳐 준 노래인데, 이 때문에 선화공주가 궁에서 쫓겨나게 되자 그녀를 기다리던 무왕과 함께 그 둘은 백제로 돌아와 왕과 왕비가 된다는 이야기입니다. 최근 미륵사에서 발견된 사료 중 일부가 이 '서동요'의 영화 같은 이야기를 부정하고 있어 논란이 되기도 했지만, 단 한편의 노래가 역사를 바꿀 수도 있다는 이 이야기는 '서동요' 자체가 진실이냐 아니냐를 떠나 역사가 어떻게 대중적으로 확산될 수 있는지를 보여 주는 좋은 사례입니다.

한국 전통음악 장르인 판소리. 판소리 〈춘향가〉는 『춘향전』을 내용으로 한다. ⓒSteve46814

수청을 강요하는 변사또에게 끝까지 저항하며 사랑을 지켜냈다는 『춘향전』의 이야기 속에는 거꾸로 당시 조선 후기의 변화하고 있는 사회적 상황이 요소요소마다 스며들어 있어 주목할 만합니다. 간단하게 표현하면 춘향과 이몽룡의 사랑과 여기에 끼어든 변사또의 이야기인 『춘향전』에는 권선징

악을 떠나 중세 신분제가 서서히 해체되고 있는 사회적 상황이 복합적으로 반영되어 있습니다.

양반의 아들인 몽룡과 기생의 딸인 춘향과의 사랑과 결혼이란 애초부터 조선 사회에서는 허용될 수 없는 것입니다. 양반의 자녀끼리도 연애결혼은 꿈도 꿀 수 없고 집안끼리의 중매에 의한 결혼만이 가능했기 때문이지요. 그런데 조선 후기 신분제 사회가 흔들리면서 서서히 일상생활에도 그 균열이 나타나는데, 이를 보여주는 것이 바로 몽룡과 춘향의 사랑입니다. 춘향의 고통이야 다들 알고 있겠지만 사실 몽룡의 입장에서도 양반의 품격을 떨어뜨리는 행동을 자초한 것이니, 이를 감내하기란 쉽지 않은 것이지요. 게다가 10대의 나이에 자유연애를 했다는 것을 간과할 수 없겠습니다. 한편 조선 후기 신분제라는 중세의 질서가 해체되고 있는 와중에 지방에서는 여전히 유교적 가치가 민중에게까지 윤리이자 도덕으로 생활화되고 있음을 알 수 있는 대목도 있습니다. 바로 춘향의 정절입니다. 변사또가 막말에 감금까지 하는 상황에서도 기생의 딸인 춘향은 수절을 포기하지 않습니다. 그것은 충효(忠孝)와 같은 가치로 여겨지고 있었지요. 또한 몽룡이 암행어사로 등장할 때 허둥지둥 도망가는 탐관오리들의 모습을 묘사하는 대목에서는 당시 민중들의 시대에 대한 나름의 저항적 의식도 역사적으로 읽을 수 있습니다.

이런 노래와 문학 작품 등을 통해 역사는 생명력을 잃지 않고 당대 대중과 연결되어 있었으며, 그것은 마치 사극으로 대변되는 오늘날 팩션의 시대와 크게 다르지 않음을 확인할 수 있습니다. 역사의 매력은 바로 이야기인 것입니다.

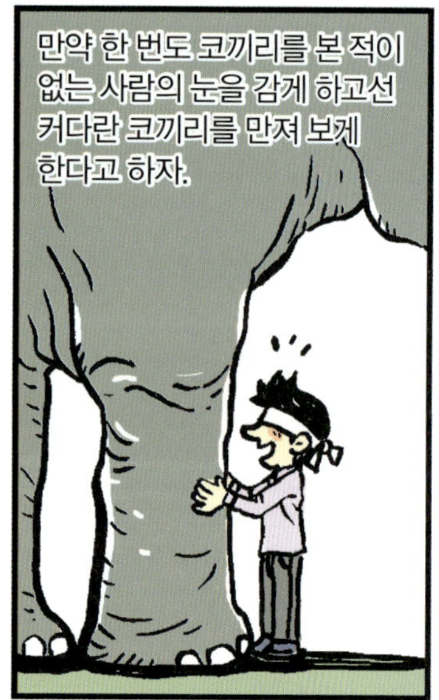

그 사람은 코끼리의 이곳저곳을 더듬더듬 만져 보면서 이것이 코끼리라는 것을 금방 알아차릴 수 있을까?

코끼리 전체를 제대로 묘사해 보거나 설명해 보라고 하면 더더욱 어려울 거야.

그렇다면 이렇게 완벽하지도 못한 과거의 일을 왜 우리는 자꾸 끄집어내고 떠올리려는 걸까?

그리고 과거를 완벽하게 그릴 수 없다면 역사란 믿을 수 없는 것일까?

그럼 도대체 역사란 뭐지?

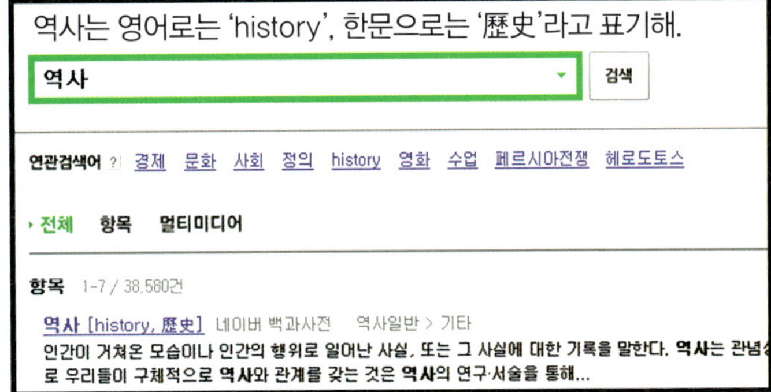

결국 어원으로만 따져 보면 역사란 '과거의 일정한 시간 속에서 활동한 인간의 모습을 역사가가 탐구하여 기록한 결과물 혹은 책'이야.

일반적으로 자연 안에서는 대부분의 일들이 반복해서 일어나. 봄, 여름, 가을, 겨울의 계절적 순환, 지구의 공전과 자전과 같은 현상이 그렇지.

하지만 인간 사회는 같은 강물에 두 번 다리를 담글 수 없는 것처럼, 과거의 사건이나 상황이 똑같이 반복해서 나타나지는 않지.

그런데 만약 우리가 예전에 전혀 겪어 보지 못한 어떤 일을 만나게 되면 어떤 반응을 보일까?

그건 매우 두렵기도 하고 당황스러울 거야.

그런데 정말 똑같지는 않지만 비슷한 일이 과거에도 있었고,

그걸 기록으로 남겼다면 우리는 이런 상황에서 얼른 찾아봄으로써

현재 어떻게 대처해야 할지 조금은 도움을 받지 않을까?

굴원(屈原, 기원전 343년경~278년경)

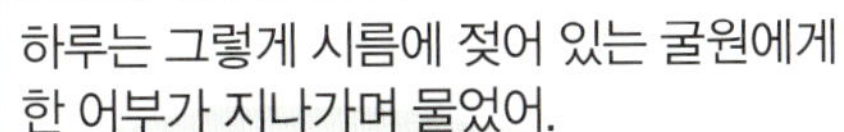

그러자 어부가 또 물었어.
사물에 구속받지 않고 흐르는 대로 세상을 사는 것이 성인의 방도인데,
세상이 혼탁하다면 같이 취하면 되지 않습니까?

하지만 굴원은 이렇게 말했지.
강물에 몸을 던져 물고기 밥이 될지언정 세속에 몸을 더럽힐 수 없소.

굴원은 외톨이가 될지라도 자신의 신념을 굽힐 수 없었던 거야.

어때? 여러분은 굴원처럼 외톨이가 되는 것을 감수하고 자신의 주장을 설득시켜 나갈까?

아니면 다수의 의견을 어쩔 수 없지만 받아들여야 할까?

훗날 초나라가 진나라에 함락당하고 멸망 직전에 이르자

이를 지켜보던 굴원은 자신의 말을 듣지 않은 초나라에 대한 안타까움과 절망에 싸여

결국 멱라수라는 강물에 몸을 던져 죽음을 선택했어.
아마 어부는 이런 굴원이 이해가 되지 않았을 거야.
그래도 세상과 더불어 사는 것이 중요하다고 여기기 때문이지.
우리는 일상과 공공의 영역, 예를 들어 대통령 선거와 같은 일에서 매순간 선택의 기로에 서게 되는데,

그 속에서 무엇이 옳은 선택인지 판단하기 어려울 때가 더 많아.

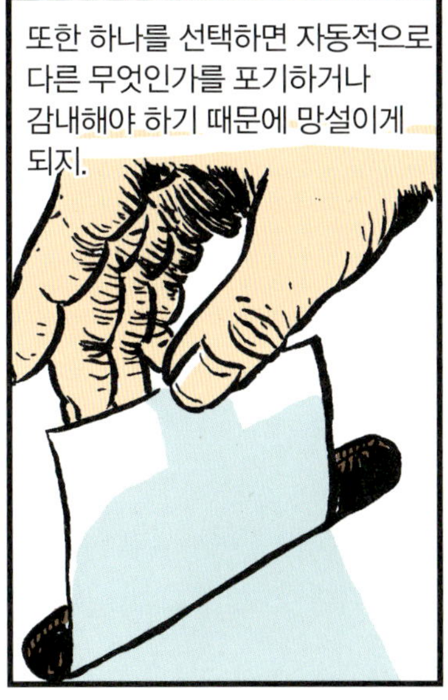

또한 하나를 선택하면 자동적으로 다른 무엇인가를 포기하거나 감내해야 하기 때문에 망설이게 되지.

그럴 때 이와 비슷한 경우가 과거엔 없었는지 궁금해지는 것은 당연한 거야.
이래서 역사가 필요한 거지.

역사를 통해 과거를 탐구하여 현재와 미래에 걸어갈 방향을 조금이라도 찾고자 하지.
역사는 현실을 비추는 거울이다.

이처럼 역사는 단순히 과거의 '기록'으로서의 의미만을 가지는 것이 아닌 거야.

자신이 살아가는 이유, 미래의 선택에 대한 고민 등에서 역사가 등장하게 되는 거지.
옛날 사람들은 어땠을까?

신화 속에도 이런 경우가 등장해. 그리스 신화의 이카로스 이야기를 보자.
난 이카로스, 크레타섬의 미궁을 만든 다이달로스의 아들입니다.

천재 건축가 다이달로스가 그 누구도 빠져 나올 수 없을 거라고 호언장담한 미궁에서
그 누구도...

영웅 테세우스가 그 안의 괴물 미노타우로스를 죽이고 빠져 나오자,
나왔지롱!

크레타섬의 미노스왕은 노여움이 극에 달해 다이달로스와 그의 아들 이카로스를 함께 감옥에 가둬 버려.
처넣어라!
아들아!
아빠

그러자 다이달로스는 깃털로 날개 모양의 비행 도구를 만들어 아들 이카로스에게 달아주지.

감옥에서 날아올라 탈출하려는 것이었어.
절대 태양 가까이에 가지 말고 내 뒤만 쫓아와야 한다.
태양 가까이에 갔다간 깃털을 붙였던 밀랍이 녹아 버릴 테니까!
명심혀!
넵!

그런데 탈출에 성공하여 하늘로 날아오른 이카로스는 너무 기뻐 흥분한 나머지 아버지의 말, 즉 과거에 아버지가 남긴 말을 잊어 버렸어.
내가 하늘을 날고 있어!
이카로스, 안 돼!

아버지가 과거에 말한 충고를 무시한 채 태양 가까이까지 날아오른 이카로스는 결국 밀랍이 녹아 버려 바다에 빠져 죽고 말았어.

이카로스처럼 과거를 혹은 역사를 망각한 이에겐 결국 재앙이 뒤따르는 걸까?

비록 신화이지만 이 일화 속에서 우리는 과거란 이렇게 미래 자신의 운명을 결정짓는 의미심장한 요인이 될 수도 있다는 것을 깨달아야 해.
아들아….
이제 역사를 통해 과거의 모든 일을 완벽하게 복원할 수 없다는 문제로 넘어가 보자.

타임머신을 타고 과거로 되돌아가 보는 일이 생기지 않는 한

앞에서 언급한 눈 가리고 코끼리를 만지는 것처럼 우리가 과거의 일 전체를 그리는 일은 매우 어려운 작업이야.

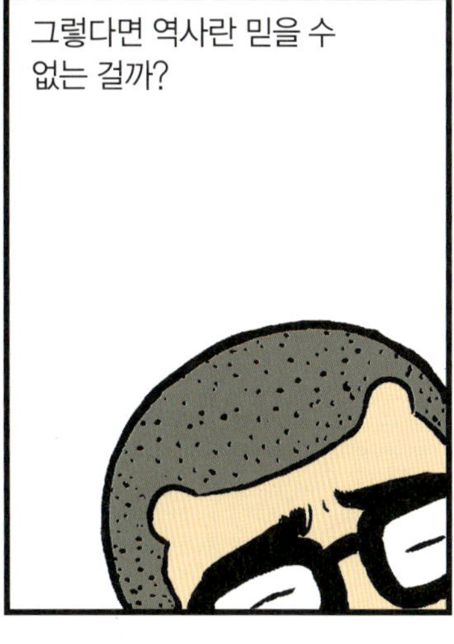

그렇다면 역사란 믿을 수 없는 걸까?

그렇지는 않아. 일부분이지만 과거를 알 수 있는 기록, 유물, 유적 등이 남아 있거든.
예를 들어 2008년 2월에 불타 버린 숭례문의 경우를 생각해 봐.

안타깝게도 불에 타 버려 이제는
그 원형을 알 수 없게 됐지만,

다행히 1960년대에 숭례문을 보수하면서 남긴 '정밀실측도면'
등의 자료가 남아 있어 복원이 가능해졌어.

거기에서 엄청난 유물이 쏟아졌지만 정작 이것이 누구의 무덤인지는 알 수 없었지.

그런데 이 무덤에 있는 비석에 이런 글이 있었어.
백제 사마왕이 523년 62세에 죽어 묘에 안장한다.

그런데 도대체 사마왕이 누군지 알 수가 있어야지.

그래서 역사책인 『삼국사기』를 살펴보니,
여기있다!!

백제본기편에 무령왕에 대해 '이름이 사마이고, 모대왕의 둘째 아들이다'란 기록이 있었어.

그래서 이것이 무령왕의 무덤이라는 사실을 알게 된 거야.
찾아 줘서 고맙소!

이렇게 기록이나 유물, 유적 등의 흔적에서 과거를 밝힐 수가 있어.

결국 과거를 탐구하는 것이 역사이며, 이러한 작업을 통해 믿을 수 있는 객관성을 확보하게 되는 거지.

한편 인간은 본능적으로 과거의 일에 대한 호기심을 갖고 있어.
100년 전의 이곳은 어떤 모습이었을까?
이리 오너라!

조선시대 양반들은 어떻게 걸었을까?
에헴
그래서 역사 속에서 흥미로움을 느끼고 다양한 생각거리를 얻고,

역사에 등장하는 독특한 인간 군상과 사건들을 보면서 상상의 나래를 펼치기도 하고 이야기가 주는 재미를 얻기도 해.

역사는 암기과목도 아니고 정답이 정해져 있는 것도 아니야.

연도나 사람, 사건을 모두 좔좔 외운다거나,

혹은 이것들을 연결할 수 있다고 해서 역사를 아는 것은 아니지.

위인이든 평범한 사람이든, 특별한 사물이든 그렇지 않든

과거에서부터 우리 인간과 관계를 맺어 온 것들에 대한 관심과, 그것을 통해 진리를 탐구하고자 하는 이들이 존재하는 한 역사는 계속 생명력을 가질 거야.

그리고 언제라도 새로운 증거에 의하여 기존에 실린 역사의 정답이 바뀔 수 있어.

오늘날 새롭게 발견하는 기록이나 유물, 유적 등이 나타난다면 기존의 낡거나 잘못된 역사적 사실은 바뀔 수 있다는 말이야.

하인리히 슐리만(Heinrich Schliemann, 1822년~1890년)

그리고 결국 자신이 꿈꾸던 트로이 유적을 찾는 발굴을 시작했고,
틀림없이 존재한다.
1871년 드디어 트로이 유적을 찾아 내어 『일리아드』 속 트로이가 진짜 존재했음을 세상에 알렸어.
이제 트로이 문명은 신화가 아니라 엄연한 역사로 기록될 수 있지.

다른 예를 볼까? 백제의 수도가 어디인지 역사책이나 교과서를 찾아보자.
고구려의 수도는 국내성이라고 하고,
오늘날의 압록강 근처 통구 지방이라고 역사책에 적혀 있어.

신라의 수도 서라벌은 당연히 오늘날의 경주이지.

고려의 수도는 개성이고 조선의 수도는 서울이라는 정도는 잘 알 거야.

그런데 백제의 초기 수도는 위례성이라고만 알려져 있지, 그곳이 어디인지는 잘 몰라. 왜 그런 걸까?
위례성
여긴 어디? 나는 누구?

역사학자들은 백제의 수도가 오늘날 경기도 하남시인지 서울의 몽촌토성인지 풍납토성인지 아직도 의견이 분분해.
몽촌토성!
위례성
경기도 하남시!
풍납토성!

세계사에서는 신항로를 개척한 포르투갈의 바스코 다 가마를 아주 중요한 인물로 손꼽는데,

바스코 다 가마(Vasco da Gama, 1469년~1524년)

그가 1498년 아프리카 남단의 희망봉을 거쳐 인도를 다녀왔기 때문이야.

정화(鄭和, 1371년~1434년)

왜냐하면 유럽에 의한 신항로의 발견이 그들 세력의 팽창은 물론 서로 고립돼 있던 국가와 지역을 밀접하게 연관을 맺으며 세계사로 볼 수 있는 틀을 제공했다고 여기기 때문이야.

만약 정화의 대항해에 대해 더 높은 평가를 매긴다면 역사의 정답은 달라질 수도 있어.

이런 점에서 역사는 해석과 평가를 통해 시대를 조명하는 종합적 토론의 성과물이기도 해.

그렇다면 이런 역사를 만나는 것이 우리에게 무슨 의미가 있을까?
우리 만남의 의미는…?

사실 역사가 없어도 우리는 얼마든지 잘 살 수 있어. 역사를 안다고 해서 밥벌이가 되는 것도 아니거든.
밥이여!
거지라 역사

그래서 실용적인 측면만 고려한다면 쓸모 없을 수도 있지.
앗-
휙
역사는 인간을 연구하는 기초적인 학문이야.

시장주의가 우선인 요즘 시대에 역사를 공부하라는 것이 무척 고리타분할 수도 있겠지.
하암~.

그러나 미래를 생각한다면 역사는 6년은 두고 서리를 맞혀야 비로소 쓸모가 생기는 인삼밭 같은 것으로 여겨야 해.
기다림의 미학….

자동차의 내비게이션만큼 유용하고 실용적인 도구가 없지.
세상의 모든길은 내비게이션으로 통한다!

그런데 그 기술을 가능하게 한 것은 아인슈타인의 '우주 물리학 이론' 덕분이야.
그러서!

당장은 쓸모없을지 모르지만 언젠가 역사를 통해 배운 교훈과 지혜를 쓸 수도 있는 거야.

마이클 패러데이(Michael Faraday, 1791년~1867년)

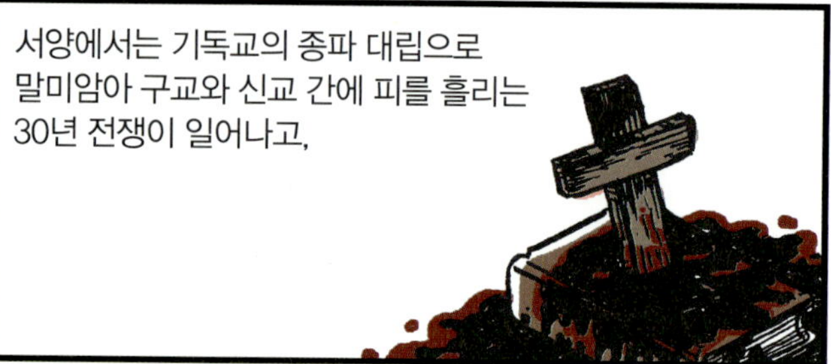

이자성(李自成, 1606년~1644년)

그런데 이렇게 자연과학적인 현상을 탐구하고 그것이 전 지구적으로 나타난 공통점을 발견하면서 이 시기를 하나로 묶어 이해하게 되는 통찰력을 얻게 되었어.
유레카
?

이렇듯 자연과학과 인문학의 융합을 통해 과거 인간과 사회에 대한 진리 찾기의 지름길을 찾아낸 거야.
갑시다!
자연과학
인문학

자, 이제 역사란 무엇인지 여러분 스스로 생각해 볼 차례야.

어쩌면 역사란 하나의 거울과도 같고, 아니면 세상을 바라보는 수많은 창문 중에 하나인지도 몰라.

즉 역사는 더불어 사는 세상에서 나와 다른 남을 어떻게 볼 것인가,

그리고 어떤 세상을 만들어 갈 것이며 그 속에서 나는 무엇을 할 것인가를 곰곰이 생각해 보게 하는 역할을 해.

어쩌면 나침반과 같은 역할을 하는 거야.
어떤 방향으로 내가 나아가야 할지 가르쳐 주는 나침반.

같은 역사가 되풀이되지는 않지만 과거가 가르쳐 주는 방향과 진실을 통해 우리는 내일을 준비할 수 있어.

근본적인 진실과의 만남, 그리고 편견을 넘어 나와 남을 이해할 수 있는 열쇠,
이것만으로도 역사가 존재하는 의미는 충분하지 않을까?
이제 다음 장에서 만나!

이상 사회를 꿈꾸다

역사를 보면 인간은 단순히 혼자만 잘 사는 것이 아니라 더불어 사는 모든 이가 행복하게 살 수 있는 사회를 꿈꿉니다. 흔히 '유토피아(Utopia)'라고 불리는 이상 사회를 현실화하려는 인간의 노력은 동서양을 막론하고 계속되어 왔죠.

우리 역사에서 이런 이상 사회를 만들기 위해 노력했던 인물은 최초의 한글 소설 『홍길동전』으로 유명한 허균(1569년~1618년)입니다. 허균은 단순히 소설가로 만족하지 않고 홍길동이 이뤄낸 '율도국'처럼 실제 조선을 뛰어 넘는 새로운 이상 사회를 꿈꿨습니다. 그는 뛰어난 양반가의 자제이며 탁월한 문장가요, 정치가였죠. 그러나

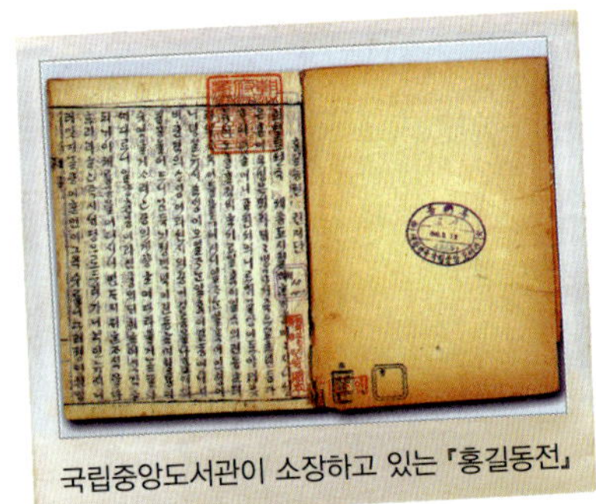

국립중앙도서관이 소장하고 있는 『홍길동전』

허균은 17세기 초 임진왜란 직후 폐허가 된 삶을 다시 일구기 위해 피와 땀을 흘리며 힘들게 살아가는 이 땅의 민초를 외면할 수 없었습니다. 더구나 백성들은 탐관오리들의 학정에 시달리며 착취를 당하는데도 왕을 비롯한 위정자들은 이를 외면하고 있었죠. 또한 당시 양반을 정점으로 하는 신분제의 모순도 해결될 기미가 보이지 않자, 허균은 직접 이를 해결하기 위해 발 벗고 나서게 됩니다.

허균은 「호민론」이라는 글에서 '천하에 두려워할 만한 자는 오직 백성뿐이다.'라고 부르짖으며 누구나 평등하고 자유로운 민권을 주장했습니다. 또한 그는 스스로 양반이라는 기득권을 버리고 첩의 자식이라는 이유로 버림받고 있던 서얼들과 친분을 맺고 경제적으로 도움을 주었습니다. 이렇게 기생이나 승려, 서얼, 천민 등 당대의 미천한 사람들과의 어울림을 마다하지 않으며 그 시대의 민중과 벗하여 새로운 세상을 꿈꾸게 됩니다. 결국 허균은 이러한 민중들과 함께 부패와 부정, 빈곤과 신분차별이 없는 이상 사회를 만들기 위해 조선을 뒤엎는 거사

를 준비했지만, 사전에 발각되어 형장의 이슬로 사라집니다. 허균의 꿈은 좌절되었지만 허균처럼 이상 사회를 위한 노력은 언제나 역사 속에서 존재했고 그로 인해 우리 인류의 역사는 더 나은 사회로 거듭날 수 있었죠.

이상 사회를 뜻하는 '유토피아(Utopia)'의 원래 뜻은 '아무 데도 없는 곳'이라고 합니다. 즉 이 세상에 존재하지 않는 곳이죠. 어떻게 보면 영원히 존재하지 않을 수도 있지만, 언젠가 우리 인류가 피와 땀을 흘려 만들어 나가야 할 궁극적인 사회이자 이상인 것입니다.

과학 기술이 급속도로 발전한 21세기지만 오늘날 우리가 살고 있는 사회를 유토피아로 여기는 사람을 발견하기란 쉽지 않습니다. 여전히 빈곤과 전쟁, 빈부 격차 등이 사라지지 않고 있고, 바로 이런 문제점 때문에 여전히 유토피아의 꿈 또한 21세기에도 계속 되고 있습니다. 유토피아의 꿈은 그것이 실현되느냐 아니냐를 떠나 바로 오늘을 사는 우리가 내일의 희망을 가질 수 있다는 것 자체로도 의미가 있는 것입니다.

강릉시 초당동에 있는 허균 · 허난설헌 생가.

마라톤 전투(Battle of Marathon): BC 490년 페르시아의 다리우스 왕이 보낸 군대를 마라톤 평야에서 그리스 군이 물리친 전투.

이 마라톤의 기원에 대해서도 다들 잘 알고 있을 거야. 초등학교 5학년 「읽기」 교과서에도 나오니까.

유럽인들에게 그리스는 정신적인 고향이야. 오늘의 서양 문명의 요람이지.

그런데 이를 정복하러 당대 최대 제국 페르시아가 침입한 거야.

페르시아 제국의 군대가 그리스의 아테네를 침공하자 아테네군이 목숨을 걸고 싸운 끝에 마라톤 평야에서 페르시아군을 막아 냈고,

그 소식을 알리기 위해 피디피데스라는 사람이 마라톤 평야에서 아테네까지 약 40여 킬로미터를 쉬지 않고 달려

아테네군의 승리를 알리고는 탈진해서 숨을 거둔 데에서 마라톤이 유래되었다는 거지.

페르시아 전쟁에서 있었던 마라톤 전투와 테르모필레 전투, 살라미스 해전에서 만약 그리스가 한 번이라도 졌다면 그리스를 바탕으로 한 서양 문명이란 존재할 수 없었을 거야.

특히 마라톤 전투의 승전보를 전하고 죽었다는 이 일화는 유럽인들에게 큰 감동을 주었고,
찌잉~

미셸 브레알(Michel Bréal, 1832년~1915년)

피에르 드 쿠베르탱(Pierre de Coubertin, 1863년~1937년)

사실은 마라톤 전투에서 진 페르시아군이 전함을 이끌고 아테네로 쳐들어갈 것이라고 판단한 아테네 병사들이 사력을 다해 다 같이 아테네로 돌아갔다는 거야.

왜냐하면 비록 마라톤 전투에서는 승리했어도 42킬로미터 뒤에 있는 아테네에는 그들의 가족들이 무방비 상태로 놓여 있어서,

페르시아 함대가 만약 전속력으로 달려와 아테네를 공격한다면 사랑하는 가족과 아테네 자체가 파괴될 것이라고 생각했기 때문이지.

이런 걱정을 미리 한 아테네군이 마라톤에서부터 쉬지 않고 달려온 덕택에 페르시아는 아테네를 공격해 보지도 못하고 물러가게 되었다는 거야.

그럼 승전보를 알리고 숨졌다는 피디피데스의 감동적인 이야기는 어떻게 되는 걸까?

또 마라톤 전투의 진실은 무엇일까?
우리가 직접 확인해 보는 방법 밖에는 없을 것 같아.

진실을 알기 위해서는 역사의 증거를 찾아야 해. 역사에서는 이런 증거가 되는 과거의 자료를 '사료(史料)'라고 하지.
이거 말고, 옛 기록이나 유물, 유적 등을 가리키는 거야.

자, 마라톤 전투의 사실을 확인하기 위해 우리 같이 사료를 찾아보자.

마라톤 전투를 최초로 소개한 기록은 헤로도토스의 『역사(Historia)』라는 책이야.
역사
HISTORY

이 책은 페르시아 전쟁을 기록한 최초의 기록인데,

이 책에는 페르시아군의 이동과 아테네군의 대형 및 전투 상황이 잘 나타나 있어.

그러나 우리가 확인하고 싶었던 '피디피데스가 마라톤 전투의 승리를 아테네에 전하고 죽었다'는 기록은 어디에도 없어.
펄럭
펄럭
?

이 책 속에 피디피데스라는 인물이 등장하기는 하는데,
안녕~.

스파르타를 비롯한 그리스 동맹군에게 도움을 요청하는 전령사로 등장하고,
이랏~!

그가 승전보를 전하고 죽었다는 기록은 없어. 계속 살아 있지.

초등학교 교과서엔 마치 변명처럼
'이 이야기가 실제로 있었던 일인지는
확실하지 않지만'이라는 문구가 살짝 있긴 하지.

그렇다면 초등학교 교과서나 고등학교 세계사에도 나오는 이 마라톤 경기의 유래는 틀린 것일까?
교과서
세계사

헤로도토스의 『역사』엔 없지만 다른 사료에 피디피데스의 승전보와 그의 죽음이 등장하지는 않을까?

그런데 아직까진 그 기록이 남겨진 다른 사료가 존재하지 않아. 결국 피디피데스의 일화는 하나의 전설인 거야.

다른 주장으로는 당시 그리스에 신호로 소식을 전하는 통신체계가 갖춰져 있어서,
앗, 승전보다!

아테네 시민들은 피디피데스가 목숨을 걸고 달려오기 훨씬 전에 이미 전투 결과를 알고 있었을 거라는 의견이야.
뒷북이오!

자, 이제 마라톤 전투를 통해 역사와 관련된 몇 가지 사실을 정리해 보자.
마라톤 전투

먼저 역사는 마라톤 전투처럼 '사실(Fact)'를 다뤄.

피디피데스의 일화처럼 사실이 아닌 전설이나 허구적 이야기로 판명된 것은 역사가 아닌 거지.
허구

그런 것은 소설이나 영화에서 등장하겠지.

그 다음, 역사가 되기 위해서는 헤로도토스의 『역사』와 같은 증거, 즉 '사료'가 있어야 해.
C
B
A

마지막으로 이런 사료를 종합함으로써 우리는 '역사적 진실'에 다가갈 수 있어.

결국 역사가라고 불리는 사람들은 이렇게 과거의 근본적인 진실을 탐구하여 찾아내는 사람들인 거지.

헤로도토스(Herodotos, 기원전 484년~425년)

고대 그리스의 역사가로 로마 시대에 이미 '역사의 아버지'라는 별명을 얻었다. 그가 쓴 『역사』는 페르시아 전쟁을 기록한 최초의 책이자 역사서로 알려져 있다. 그는 이 책을 쓰기 위해 당시로서는 상상할 수 없을 정도로 머나먼 여행을 떠났다. 메소포타미아 문명의 발상지인 유프라테스 강에서 바빌론까지, 그리고 이집트 등의 아프리카 지역과 이탈리아, 시칠리아 등의 유럽까지 3대륙에 걸친 답사를 통해 전체 9권으로 이뤄진 『역사』를 완성했다.

헤로도토스는 『역사』 첫 대목에서 이 책을 쓴 목적을 밝히고 있어.

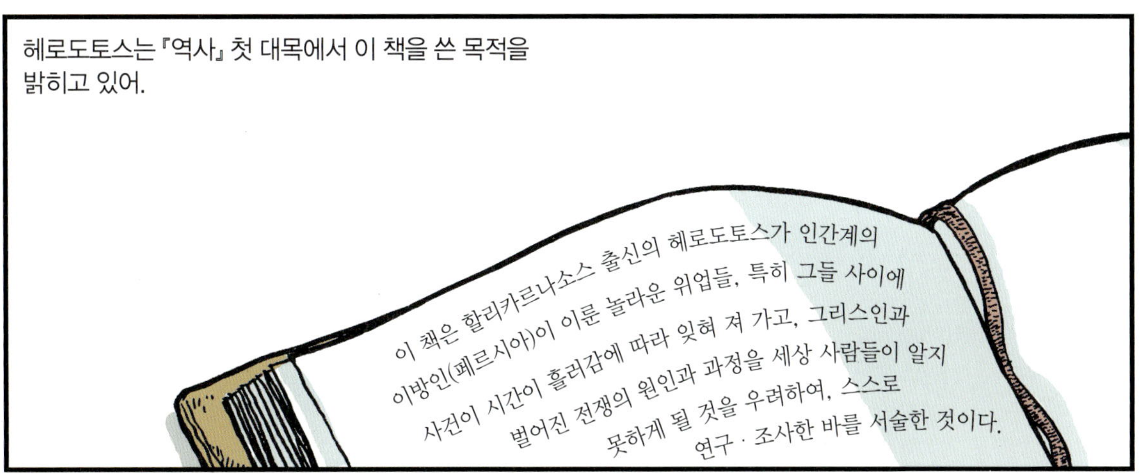

여기서 알 수 있듯이 그는 페르시아 전쟁의 원인을 탐구하고 싶었어.
WHY?

동서양의 최초의 충돌로 표현되는 페르시아 전쟁이 도대체 왜 일어났는지 그 진실을 찾고, 그 과정을 사실적으로 기록함으로써 그 과거를 오롯이 남기고 싶었어.
이유가 뭔데?

이 책의 주요 내용은 그리스와 페르시아 사이의 전쟁에 대한 것이야.

아테네의 중장보병군이 마라톤 평야에서 승리를 거둔 '마라톤 전투',

스파르타의 레오니다스가 이끈 300명이 전사한 것으로 유명한 '테르모필레 전투',
그리고 테미스토클레스가 이끈 그리스 해군이 승리한 '살라미스 해전'이 모두 이 책에 실려 있어.

하지만 헤로도토스는 전쟁의 원인을 찾는 것이 무엇보다 중요했어.
원인… 원인을 파헤치고 싶다….

레오니다스
(Leonidas, 알 수 없음~기원전 480년)
고대 그리스 스파르타의 왕.
테르모필레 전투에서 수적 열세에도 불구하고 페르시아의 대군을 격파하고 전사했다.

페르시아 제국 (Persian Empire)

오늘날의 이란 고지대를 중심으로 세워진 고대 제국. 다리우스 1세 때 서아시아를 포함한 넓은 대제국을 건설했다. 점령지의 피지배 민족에게는 관용을 베풀었으나 저항하는 민족에게는 왕이 직접 정벌에 나서 철저한 응징을 했다. '도로(왕의 길)'와 '역전제' 등을 활용하여 중앙 집권 체제를 유지했다. 종교는 조로아스터교였다.

당시 유명한 전투들이 실제 어떻게 펼쳐졌는지를 역사적 사실로 대면할 수 있어.

한편 이 책에는 역사가로서의 헤로도토스의 주관이 반영되어 있는데,

헤로도토스는 페르시아의 풍습에 대해, 우상을 비롯하여 신전이나 제단을 세우는 풍습이 없고 오히려 그렇게 하는 자를 어리석게 여긴다고 소개했어.

뭐야이건

쿡

왜냐하면 페르시아 인들은 신을 인간과 같은 성질의 존재라고 생각하지 않기 때문일 것이라고 생각한 거지.

그럼 난 먹히지도 않겠군….

그는 '페르시아 인은 하늘 전체를 제우스라 부르고, 높은 산에 올라 제우스에게 제물을 바치며 제사를 지낸다.'고 적었어.

그런데 페르시아의 신은 불을 상징하는 광명의 신이자 세계의 창조자로 불리는 '아후라 마즈다'야.

어둠을 몰아내고 불처럼 빛으로 이 세상을 만들었다는 이 신은 훗날 기독교를 비롯한 많은 종교에 영감을 불어 넣었다고 알려져 있어.

그럼에도 그리스 인인 헤로도토스는 이 아후라 마즈다를 그리스의 신인 '제우스'처럼 묘사를 한 거야.

오늘날 우리는 이것이 명백한 오류라는 것을 알지만 헤로도토스는 자신의 입장에서 역사를 기록한 것뿐이라고도 볼 수 있어.

왜냐하면 그리스 인의 눈에 비춰진 페르시아의 모습이기 때문이지.

한편 헤로도토스는 아테네가 그리스에서 강국으로 남게 된 원인도 나름대로 밝혔어. 바로 '자유와 평등'을 실천했기 때문이라는 거야.
강력한 힘을 가진 왕에 의해 지배되는 페르시아와 비교되지.
그는 '아테네는 독재정치 아래에 있었을 때는 전투력이 어떤 나라에도 미치지 못했었지만,

일단 독재자로부터 해방되고부터는 다른 모든 나라를 누르고 최강국으로 발돋움했다.'라고 서술했어.
꽉
꾹

페르시아의 전쟁을 단순한 정복 대 저항의 기록으로 남기는 것에서 더 나아가

'자유'와 '전제'의 두 체제 가운데 과연 어느 것이 진정으로 강한 것인가를 보여주는 전쟁인가 하는 것도 탐구해 볼 수 있어.
자유
전제

그것이 역사 속에서 사실을 넘어 진실을 규명하는 단계로 전환되는 거지.

이렇게 기원전 5세기의 머나먼 전쟁의 역사를 탐구하다보면 오늘날의 전쟁에 대해서도 이해할 수 있게 돼.
예를 들면 제2차 세계대전을 봐. 히틀러의 나치즘이라는 전체주의 체제가 결국 자유를 희망하는 진영에 의해 무너지는 것을 알 수 있잖아.

그리고 일제에 의한 식민지배를 이겨내고 독립을 쟁취한 우리 민족사를 봐도

결국 전체주의적 체제와 지배는 망할 수밖에 없다는 것을 알 수 있지.
뚝!
우르르

한편 헤로도토스는 전투 자체에 대해 생생하게 묘사했어.

마라톤 전투에 대해서 말하기를, '페르시아군은 아테네군이 구보로 육박해 오는 것을 보고 맞서 싸울 태세를 갖추고 있었는데,

수도 적고 게다가 기병도 궁병도 없이 구보로 공격해 오는 아테네군을 보고는 패배를 자초하는 미친 행위라고 생각했다.'라고 했고,
빙글

'팔랑크스(Phalanx)'라고 불리는 아테네의 중장보병군이 양 날개 쪽에서 승기를 잡고 중앙의 페르시아군을 격파한 전투 장면을 묘사했어.

또 스파르타가 이끄는 그리스 연합군이 결사항전한 '테르모필레 전투'에 대해서도 자세히 기록했지.

여기서도 엄격한 사실에 입각해서 기록한 헤로도토스는 정확하게 300명 중 298명의 스파르타군이 전사했다고 썼지. 나머지 두 명은 심한 눈병으로 전투 이전에 이미 다른 곳으로 이동했다는 거야.

미셸 에켐 드 몽테뉴 (Michel Eyquem de Montaigne, 1533년~1592년)

조지 고든 바이런(George Gordon Byron, 1788년~1824년)

이제까지 살펴본 헤로도토스와 그의 책『역사』를 정리하면, 여기에는 그가 이 책을 쓰게 된 동기에서부터
그리스와 페르시아의 상황과 전투 장면, 그리고 그 결과까지 모두 담겨 있어.
와아
와

그렇다면 이것을 오늘날 우리는 어떻게 파악해야 할까?

그리고 무엇이 가장 핵심적인 걸까? 전쟁의 발발 원인일까, 아니면 결과일까?

이와 관련하여 '세 왕자의 수수께끼' 이야기를 한번 생각해 보자.

먼 옛날 '이 세상에서 가장 귀한 보물을 가진 왕자만이 이 세상에서 가장 아름다운 공주를 얻을 수 있다.'는 소문이 퍼졌어.

이를 들은 세 왕자는 각기 값진 보물을 가지고 공주가 있는 먼 궁성으로 떠났지.

그런데 세 왕자들은 길 위에서 우연히 만나 자신들의 보물을 두고 서로 자랑하게 되었어.
와

맨 먼저 천리안을 가진 왕자가 그 거울로 천리 밖에 있는 공주의 모습을 비춰 주었는데,

그 거울에는 놀랍게도 정원을 거닐고 있던 공주가 독사에게 물려 죽어가고 있는 광경이 나타났지.

그것을 본 천리마를 가진 왕자는 다른 두 왕자들을 말에 태우고 공주의 왕성으로 번개처럼 달려갔고,

천년 묵은 불사의 약초를 가지고 있던 왕자는 그것을 공주에게 먹여 가까스로 공주를 살려냈지.

천리안과 천리마와 천년 묵은 약초가 모두 그 진가를 발휘해 아름다운 공주를 살려낸 건데,

문제는 그 세 보물 덕분에 다시 살아나게 된 공주가 과연 누구와 결혼해야 하느냐는 거야.

세 보물 가운데 어느 것 하나만 없어도 공주는 살아날 수 없었을 테니까.

결국 천리안과 천리마, 그리고 천년의 불사약은 '발단–과정–결과'의 인과율 속에 서로 얽혀 있어서 그중 하나를 따로 떼어낼 수는 없는 거야.

헤로도토스의 『역사』도 마찬가지야.
우리는 이것 중 어느 하나만 핵심으로
파악할 수는 없어.

페르시아 전쟁의 역사적 진실을 알기 위해서는 '원인-경과-
결과' 모두를 하나로 엮어 이해하는 눈이 필요한 거지.
원인
경과
결과

페르시아 전쟁이라는 역사적 사실이
알려주는 '진실'을 얻게 되는 거야.

결국 그가 역사가다운 탐구 정신으로
쓴 이 책을 우리가 파악할 때에도
하나가 아닌 종합적인 눈으로
파악해야,

역사란 객관적인 과거의 사실을
기본으로 하며,

이를 옮긴 역사가를
파악하고,
톡톡

그가 남긴 기록을 종합적인
눈으로 관찰하고 탐구하면서

진정한 과거의 근본적인 진실을
찾는 것이라고 말할 수 있어.
다음 장에서
만나!

명화 속에 숨어 있는 역사적 진실 찾기

세계사에서 근대를 연 가장 뚜렷한 사건으로 우리는 흔히 1789년의 프랑스 대혁명을 손꼽는데, 왜냐하면 이를 통해 자유와 평등, 박애의 정신이 세계적 차원으로 뻗어나갔기 때문입니다. 그런데 그 프랑스 대혁명을 생각할 때 맨 처음 떠오르는 게 바로 프랑스 낭만주의 화가 외젠 들라크루아의 그림 〈민중을 이끄는 자유의 여신〉입니다.

프랑스 혁명의 상징인 민중과 함께 자유와 평등, 박애의 삼색 깃발을 들고 포화 속으로 전진하는 자유의 여신, 그리고 그 옆에 작가 자신의 얼굴을 한 장총을 든 부르주아 신사부터 프랑스의 미래를 상징하는 권총을 든 소년까지, 이 그림은 확연히 프랑스 혁명의 감동을 한 눈에 선사하는 역사화입니다.

그러나 이 그림은 우리가 근대의 출발로 삼는 바로 1789년의 프랑스 대혁명을 그린 것이 전혀 아닙니다. 이 그림의 배경은 1830년 7월 혁명이죠. 프랑스 대혁명이 테르미도르의 반동으로 무너지고 샤를 10세의 절대주의가 부활하자 프랑스 시민들은 다시 봉기합니다. 사흘 동안 벌어진 이 혁명은 이 그림에서 알 수 있듯 파리 시민과 노동자의 결합으로 가능했으며, 결국 샤를 10세 체제의 부르봉 왕가를 무너트리고 루이 필립에 의한 시민 중심의 자유주의 체제를 만들게 됩니다.

그러나 이것 또한 프랑스 대혁명의 정신이 완벽하게 구현된 체제가 아니

외젠 들라크루아의 그림 〈민중을 이끄는 자유의 여신〉

었으므로, 1848년 2월 혁명이 다시 일어나게 됩니다. 이런 역사적 배경에도 불구하고 정치적으로 보수주의자이자 화풍으로는 낭만주의를 추구했던 들라크루아라는 뛰어난 화가의 덕분에 우리는 오늘날 이 그림을 혁명화가 자크 루이 다비드가 그린 〈테니스코트의 선서〉나 〈프랑스 인권선언문〉보다 훨씬 더 인상 깊은 혁명화로 기억하게 되었으며, 심지어 1789년 프랑스 혁명을 그린 것으로 착각하는 효과를 낳게 되었습니다.

국가를 위해 최소한이라도 자신이 할 수 있는 일이라면 무언가 해야겠다는 이 화가의 말과 달리 이 그림은 오늘날까지 매우 확실하게 혁명의 정신을 알렸으며 시신 위에서도 거침없이 혁명을 위해 달려가는 자유의 여신은 그것이 고대 그리스 승리의 여신을 모델로 했음에도 불구하고 우리는 근대적인 감동을 간직하게 되었답니다.

자크 루이 다비드의 그림 〈테니스코트의 선서〉

4장 사실을 말하게 하는 역사의 객관성

'역사는 과거의 객관적인 사실을 밝히는 것'이라는 개념을 확립한 사람은 '근대 역사학의 아버지'라고 불리는 독일의 역사학자 랑케야.

레오폴트 폰 랑케(Leopold von Ranke, 1795년~1886년)

1824년에 『라틴 및 게르만 제 민족의 역사 1494~1514』를 출간하며 역사가로서의 명성을 쌓게 돼.

'근대 역사학의 아버지'라는 그의 별명 앞에 '근대'가 붙은 것은

무엇보다 그가 역사를 연구하는 데 이전과는 다르게 좀 더 전문적인 방법을 도입했기 때문이야.

즉 그의 역사책에서는 '사료에 대한 비판적 검토'가 돋보여.

그는 이전까지의 역사가들이 답사를 떠나고

거기서 수집한 과거의 이야기만을 가지고 역사라고 말하는 것과는 차원이 다른 방식을 선보이지.

『라틴 및 게르만 제 민족의 역사 1494~1514』

(Geschichte der romanischen und germanischen Völker von 1494 bis 1514)

랑케의 역사책으로, 15세기 말부터 16세기 초까지의 기간 동안 이탈리아의 지배를 둘러싸고 프랑스와 신성로마제국 사이에 있었던 네 차례의 전쟁을 서술했다. 그는 사료에 대한 전문적이고 비판적인 검토를 통해, 이 전쟁의 결과로 유럽 국가 간의 세력 균형이 이뤄졌음을 서술했다.

그는 먼저 전문적으로 고전과 다양한 언어를 공부해서
열공

옛날 문서를 읽을 수 있는 기본적인 지식을 쌓았어.
역사

그 다음에는 문서보관소로 달려가
다다다

당시 사료를 꼼꼼히 살펴 당시의 역사를 '객관적'으로 탐구했어.

또한 특정한 문서가 과연 역사적 사실을 알려줄 만한 가치가 있는지 없는지를 가려내기 위해,
흐음~
역사코너

마치 실험실의 과학자처럼 몇 번씩 검증하는 비판적인 방법을 도입했어.
찌릿
그, 그만… 뚫어질 것 같아.

이렇게 과학과 비슷한 연구 방법론을 역사학에 도입함으로써 역사학은 과학과 같은 위상을 가지게 되지.
어느새 이렇게 컸지?
이제 어깨를 나란히 하게 되었군.
과학
역사학

전문적인 지식을 가지고 사료를 검증하는 것을 좀 더 쉽게 설명해 볼게.

예를 들어 김부식의 『삼국사기』를 원문 그대로 읽으려면 우선 한문을 익혀야 해.
하늘 천?
땅 지!

그러나 이것만으론 아직 부족해!
NO NO
쿠웅

당시 한자를 어떻게 썼느냐 하는 것도 알아야 하지.
나 연개소문. 내 이름이 대표적인 경우지.

연개소문의 성이 무엇이냐고 물어 보면
쓱

많은 학생들이 언뜻 발음상 '연개'라고 말해.
연개요.
연개 말고 더 있나?

'을지문덕'의 '을지'처럼 앞 두 글자가 성이라고 생각하기 쉽지.
내가 쉽냐?!

그럼 『삼국사기』를 통해 확인해 볼까?
나도 궁금하네.
당신 성이잖아요!
스윽

『삼국사기』 연개소문 열전에는 '개소문 혹은 개금이라고 한다. 성이 천씨(泉氏)인데, 스스로 물속에서 태어났다고 하여 사람들을 현혹하였다.'라고 나와 있어.
와
와
와아
와
NEC

성이 '천'씨이면 '천개소문'이라고 불러야 맞지 않나요?
아니야. 연씨(淵氏)가 맞아.

김부식이 『삼국사기』를 쓸 때 중국을 큰 나라로 섬기면서,

중국 왕의 이름에 있는 한자를 다른 사람의 이름에 쓰지 못하게 하는 관행을 따른 거야.
왕의 이름과 같은 한자를 쓸 수는 없지.

그래서 연개소문의 경우 '연'씨가 맞지만 당시 당나라를 세운 이연(당 고조)의 이름을 피하기 위해 천씨로 바꾼 거야.
나만 쓸 수 있어, 나만!
치… 내 성인데….

이렇게 역사가가 되기 위해서는 언어뿐만 아니라 해당 사회의 문화에 대한 전문적인 지식도 필요해.
역사가의 길
만만치 않구나.

프랑스나 영국, 이탈리아 등의 역사를 알기 위해서는
안녕? 너희들의 역사를 가르쳐 주겠니?
툭!

기본적으로 이들 언어를 알아야 하겠지.
뭐라는지 전~혀 모르겠습니다.
NON?!

더구나 이들 나라의 고대나 중세 등과 같이 현재로부터 아주 먼 시기의 역사를 연구하고 싶다면

당시 사용한 언어와 그 쓰임새에 대해서 더욱 전문적인 지식을 갖춰야 해.
우리나라로 치자면
'성은이 망극하여 이다~' 같은 거?

그 다음엔 사료에 대해 비판적 검토를 해야 해. 이순신의 『난중일기』를 보자.

여기에는 이순신의 뛰어난 업적과 함께 그의 인간적인 면모나 생활 모습이 잘 나와 있지.
꺼억
헤·

배앓이를 하거나 머리가 아팠던 기록에서부터,
난 이미 앓고 있다….

특히 원균에 대한 부분이 눈에 띄지.

원균(元均, 1540년~1597년)
임진왜란에서 이순신과 함께 왜군을 무찔렀다.
이순신이 파직당한 후에는 수군통제사가 되었으나
칠천량 해전에서 전사했다.

이순신에 관한 위인전이나 만화 등에서 나타나는 원균의 이미지는 매우 무능력하면서도 이순신의 공을 질투하고
장군! 와, 장군!

권력욕에 불탄 인물로 그려지는 경우가 많아.
무슨 수를 써서라도 천하를 얻고 말겠어!
펑 펑 펑
이순신

『난중일기』에서도 이순신은 원균에 대해 '그 음흉함을 이를 길이 없다', '적을 쳐부술 공문을 보냈더니 원균이 술에 취하여 정신이 없더라고 했다.' 등의 기록을 남겼어.
……

이런 부분을 확인한 역사가는 원균에 대해 부정적인 시각을 가질 거야.
뭐 이런 정신 나간 놈이 다 있나….
펄럭

그렇지만 랑케와 같은 역사가라면
나 라면…

『난중일기』에서 이순신이 원균에 대해 적은 부분을 본 후, 원균에 대한 또 다른 사료도 반드시 찾아볼 거야.
원균, 원균!
샥 샥

그래야 이순신과 원균에 대해 좀 더 객관적인 역사적 사실을 말할 수 있을 테니까.
흠…

또 랑케라면 이순신과 원균 중 누가 더 역사적으로 의미가 있고 뛰어난 인물인지 결코 말하지 않을 거야.
……

왜냐하면 그는 사료를 철저하게 '분석'하는 것은 역사가의 일이 맞지만,
분석중

해석과 평가를 내리는 일은 사람이기 때문에 어쩔 수 없이 주관이 개입되므로 역사가의 본분이 아니라고 생각했거든.
win

그에게 역사가의 '주관'이란 용납할 수 없었던 거지.
이순신과 원균이 여러 사료들에서 어떻게 나타나고 있는지 밝히는 것까지만 역사가의 임무라는 거야.

즉 랑케에게 역사란 '객관적인 사실을 있는 그대로 보여 주는 것' 그 이상도 이하도 아니야.

역사가의 입이 아니라 오직 사료들에 의해 밝혀진 사실로써 역사적 진실을 말하게 하라!

이것이 바로 객관을 강조한 랑케의 입장이야. 철저하게 사료를 분석하면 답은 그 안에 있다는 거지.

조선왕조실록

조선 초대왕의 이야기인 『태조실록』에서부터 마지막 왕인 『순종실록』까지 구성되어 있다. 다만 『고종실록』과 『순종실록』은 일본에 의해 편찬되었고 서술 방식도 이전과 다르다.

광해군(光海君, 1575년~1641년)

임진왜란 이후 조선의 정치, 경제 등을 복구하며 세금 제도를 정비하는 등 민생에 힘썼지만,

창덕궁이나 경희궁 등의 건축을 무리하게 추진하거나,

배다른 형제인 영창대군을 죽이고 인목대비를 폐위시키는 등 폭군으로 인식될 부정적인 행동도 많았어.
크악

또한 당시 국제 정세에서 명나라와 후금(청)의 교체기에 중립외교를 선택해, 훗날 인조반정을 일으키는 서인세력에게 집중적으로 비난을 받게 되지.
수근 수근 수근 수근 수근 수근 수근 수근
흥

그래서 「광해군일기」에는 그의 성격이 난폭하다거나 오랑캐(청)에게만 성의를 베풀었다는 식의 편파적인 기록들이 보여.

이런 기록들이 사실을 왜곡한 점도 없지 않다는 것은 「광해군일기」의 중간수정본이 별도로 남아 있기 때문에 확인할 수 있어.
이 수정본에는 먹 또는 붉은 먹을 사용해 삭제하거나 수정, 보충한 부분이 그대로 남아 있지.
수정본

랑케처럼 오늘날 우리도 사료에 접근만 할 수 있다면
찾았다!

수정본과 완성본 두 가지 모두를 확실하게 비교, 분석할 수 있지.
셜록 홈즈처럼….

어떤 경우엔 너무나 심한 왜곡도 있어. 최근 일부 역사학자들이 확인한 바로는
이건 너무 했다!
뭔데?

'광해군이 눈병에 걸려 눈이 충혈됐다.'는 내용이
마이 아파….
훌쩍

'광해군의 광폭한 성격 탓에 눈이 붉어졌다.' 로 수정되어 있다고 해.
가뜩이나 눈병 걸려서 서러운데,
니들 너무 한다…!

그리고 광해군이 임진왜란 당시 도와준 명나라에 대한 은혜를 잊고
오직 오랑캐(청)에게만 성의를 베풀었다는 기록도
꼼꼼히 따져 보면 다른 측면도 보여.

광해군은 명나라의 국력이 쇠하고 신흥 세력인 후금(청)의 정치적 영향력이 커지는 것을 알고 있는 상황에서
후금의 영향력이 심상치 않습니다!

단순히 명분만 따져 명나라를 도와주었다간 훗날 청에 의해 조선도 보복을 당할 것이라 판단한 거야.
으~
악
으악
크와

그래서 명나라에 원군을 파병하면서도
명
명

실제 전투에서는 항복하여
항복

훗날 풀려나도록 하고 조선의 안전도 지키는
실용적 중립외교를 선택한 거지.
후금(청)
명
조선

그렇지만 나중에 기록을 남긴 이들은 광해군과
정치적 의견을 달리하는 서인이었기에
남인 →
← 서인

그들 입장에서 남긴 실록에는 이를 부정적으로
평가한 기록이 실린 거지.
광해군이 한 짓은
착한 짓도
나쁜 짓이다.
잘한다!
지화자!

광해군의 중립 외교 정책은 오늘날의
중고등학교 교과서에는 반대로 긍정적으로
서술되어 있어.
국사

사료가 반드시
객관적이고
믿을 만한 것이
아닐 수도 있다는
예가 바로
「광해군일기」야.

사료의 왜곡과 관련하여 오늘날 객관성이 떨어지는 것으로 여겨지는 '기자조선'의 예도 있어.

기자조선(箕子朝鮮)

중국의 『사기』 등의 역사서에 등장하는 나라.
중국 은나라 말기에 폭군 주왕을 피해 기자가 조선으로 와서
단군의 뒤를 이어 왕이 되었다고 기록되어 있다.

기자는 중국인으로 단군의 뒤를 이어 조선을 다스린 인물로,

고조선에 예의범절과 중국 문화를 전해 주었다고 알려져 있어.

그에 관한 사료는 중국 역사서나 『삼국유사』 등이 있지.

조선시대에의 역사서에는 기자조선을 우리 민족의 정통으로 받아들였어.

막말을 하자면 우리 민족은 중국인을 왕으로 직접 모셨고

아니면 오늘날 우리는 중국인 기자의 후예일수도 있다는 거야.

이이(李珥, 1536년~1584년)

안정복(安鼎福, 1712년~1791년)

소중화사상(小中華思想): 조선, 베트남 등 중국 이외의 나라에서 중화사상의 영향을 받아 발달한 자민족 중심주의 사상.

하지만 오늘날 역사가들의 분석에 따르면
기자
조선
기자
기자

기자조선의 기록은 중국 문헌에 의존한 허구적인 기록이라고 보고 있어.
펑
펑
펑

또 기자조선의 유물로 추측되는 것들을 분석했는데,
흐음…

그것은 중국 고대 국가와 관련 있을 뿐,

고조선으로 대표되는 우리의 고대 유물과 문화와는 전혀 다르다는 거야.
넌 우리랑 생김새가 다른데?
어디서 굴러온 놈이냐!
기자

최대한 양보해도 아마 중국과 고조선 근처에 기자가 세운 '기국'이라는 나라가 있지 않았을까 하는 정도야.
중국
고조선
기국

즉 기자와 관련된 국가나 문화는 고조선과 직접 관련성이 없다는 거지.
고조선
기자

그래서 오늘날에는 역사교과서에 기자조선을 싣지 않아.
기자조선

이처럼 역사가들은 사료를 바탕으로 역사를 서술하되,
뭥-

가장 중요한 것은 사료의 진위를 밝히고 철저하게 분석해야 하는 거야.
…짜가?
어떻게 알았지?

역사가들을 먼지가 수북이 쌓인 어두컴컴한 문헌보관소에서 갇혀 사는 사람으로 생각할지도 모르지만,
앗, 집을 빼앗겼다.

근대의 역사가는 이렇게 과거 사실을 알려주는 사료를 전문적 지식과 비판적 방법으로 검토하여,
왝
사실대로 말해.
사료
모릅니다!
취조실

'객관적인 사실'을 밝혀내야 해. 그 역할이 역사가의 1차 의무야.
…좋은 말로 할 때….
마, 말하겠습니다!
툭툭
사료

역사가에게 사료란 랑케의 경우처럼 '객관적인 사실'을 위한 필요조건이야.
웅어
덜덜덜
사료

이런 객관적인 사실을 알아내고,
더 말해.
흑흑
탁
사료
취조실

이것을 세상에 보여 줌으로써 과거를 이해하게 되는 것이 역사지.

그런데 이것은 아직 필요조건이지 충분조건은 아니야.
필요조건

역사교과서나 역사서를 봐봐.
거기에 오로지 객관적인 사실만 있는지.
정말이네.
교과서

그것만으로는 역사가 완성되지는 않아.

과거 사실을 하나도 빼놓지 않고 모아둔 것이 역사교과서는 아니지 않니?
그럼 역사교과서 터지겠다.
역사 교과서

그렇다면 무엇을 더 채워야 할까?
?

다음 장에서는 다른 방식으로 사료에 접근 하는 방법을 만나 보자.
부스럭 부스럭
사료

역사적 객관성은 과학과 마찬가지로 하나의 가설로 받아들일 수 있다.

역사는 과학적인 모습을 많이 가지고 있습니다. 가장 유사한 점이라면 양쪽 모두 '왜'라는 질문을 던진다는 것입니다. 수많은 전쟁과 국가의 명멸, 그리고 다양한 개인이 움직이게 된 원인 등이 '왜'라는 질문에서부터 출발하죠.

그 다음으로 역사는 객관성을 중요시합니다. 역사는 현재로선 도저히 되돌릴 수 없는, 그리고 찾아가 볼 수 없는 과거의 세계이기 때문이죠. 팩트가 없는 역사란 거짓일 뿐인데, 여기서 놓치지 말아야 할 점은 그 객관적인 과거의 사실을 찾는 방법론과 심지어 그 객관적 사실조차도 언제든 교체되고 극복될 수 있다는 것입니다. 절대적 진리란 없고, 다만 수정과 반론과 검증이 필요한 과거의 사실이 존재합니다. 이 점이 또한 매우 과학과 닮은 모습이기도 하죠.

오렌 J. 터너가 찍은 아인슈타인(1947년)

예를 들면 뉴튼으로 대표되는 근대적 과학과 시간 체계가 오늘날 아인슈타인의 상대성 이론과 양자 역학에 의해 뒤바뀐 것을 들 수 있습니다. 공을 집어 멀리 던진다고 가정해 보면, 뉴튼 법칙에 의해 우리는 이 공이 어디로 떨어질지, 다양한 수학적 공식으로 계산하고 예측할 수 있습니다. 그런데 양자학에서는 그렇지 않다고 합니다. 양자론이란 '매우 작은 미시적인 세계에서 물질을 구성하는 입자와 빛 등이 어떻게 움직이느냐를 해명하는 이론'인데, 여기서는 우리의 단일한 시공간이라는 전제 조건과 수학적 계산을 단지 수많은 확률 중 하나로 치부합니다. 그래서 거꾸로 공이 단단한 벽을 빠져나가는가 하면, 아무것도 없어야 할 공간에서 갑자기 생기거나 사라지는 것도 가능하다고 하죠. 다만 확률상 그 가능성이 떨어질 뿐입니다. 아인슈타인의 상대성 이론이 보여 주듯이

현대 물리학에서 공간상의 거리와 시간 모두 관찰자의 움직임에 의해 좌우됨을 강조합니다. 그리고 우리가 알고 있는 시간과 공간 이외에도 다양한 형태로 시공간은 존재합니다.

즉, 과학도 정해진 답은 존재하지 않으며 기존의 이론을 뒤집고 다양한 가능성을 사고하여 합의하는 것입니다. 최근 명왕성이 태양계의 행성에서 탈락한 사실에서도 증명되듯이 과학도 사실이 아니라 사건을 말하는 것이고, 또한 새로운 이론과 실천에 의해 극복되는 세계관의 하나일 뿐입니다. 이 과정을 통해 우리는 인간과 우주에 대한 더 많은 이해를 구하게 됩니다. 이것이 역사와 과학이 비슷하죠. 우리는 예전에 단지 왕조의 교체 과정과 일부 지배층의 역사만을 배웠는데, 리듬감을 타고 줄줄 외웠던 왕들의 이름에서 어떤 역사적 의미도 배울 수 없다는 건 당연한 얘기입니다. 정치사는 이제 사회경제사의 이해 없이는 큰 역사적 그림을 그릴 수 없게 되었습니다. 또한 사회경제사조차도 개별 인간들의 구체적 행위를 파악할 수 없어 이제 역사는 문화사나 미시사 등까지 연구하게 된 것입니다.

따라서 과학이나 역사 모두 '불확정성'이 혼란을 가중하는 것이 아니라 진리의 다양한 변주를 통해 인식론적 차원의 세계를 넓혀주는 것으로 인식해야 합니다.

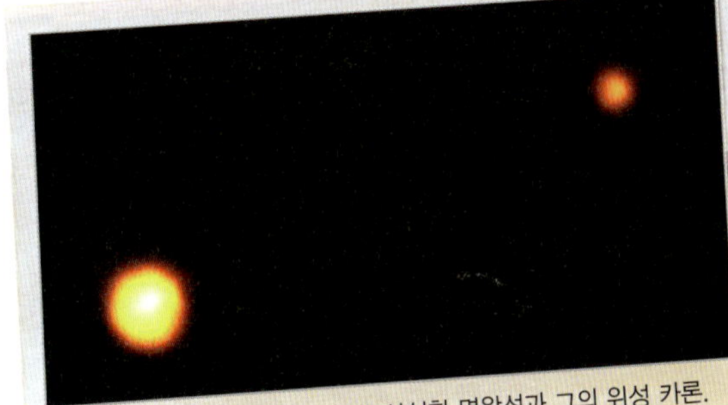

2006년에 태양계 행성의 지위를 상실한 명왕성과 그의 위성 카론.
ⓒNASA, ESA

5장 역사는 과거와 현재의 대화

2003년 10월 2일 대구 야구장에서 이승엽 선수는 56호 홈런을 터트렸어.
깡

이 홈런은 '한 시즌 아시아 최다 홈런'이라는 특별한 의미를 지니지.

만약 누군가 이 공을 줍게 되었다면 엄청난 가치의 야구공을 가진 셈이야.

같은 야구공이더라도 아시아 최다 홈런이라는 의미를 가진 거니까.
천한 것들!

역사도 마찬가지야. 사료가 역사의 중요한 증거이지만,

역사가의 선택과 의미 부여가 된 사료만이 중요할 때도 있어.
너만 이리 와!
증인

역사가의 눈에 띄어 세상에 알려지기까지!
이거다!

사료는 그저 수많은 자료 중에 하나일 뿐이야.
우리도 나가고 싶다….

역사가가 자신의 주관을 빼고 오로지 있는 그대로의 역사를 보여주기 위해
쏙
주관

사료를 주욱 나열해 놓는다 하더라도
척

어쩌면 그것은 무의미할 수도 있어.
……
저게 뭔데?
전단지 아냐?

사료가 어떤 역사적 의미를 가지는지 역사가의 해석과 평가가 없다면,
승
왓

그저 평범한 옛날 종이에 불과한 거야.
우적 우적
꺄
악

타임머신이 만들어 져서 과거 어느 곳이든 찾아가서 모든 사실을 다 알 수 있다 해도,
앗, 명장면!
나의 죽음을 적에게 알리지 마라….
장군님!
찰칵

이승엽의 56호 홈런볼처럼 그 중 역사가의 눈에 정말 의미가 있다고 평가받는 사실들만이 선택될 거야.
이게 뭐야?
이런 건 왜 찍어왔어?

우리가 앞에서 랑케를 통해 배운 '사료에 바탕을 둔 객관적인 역사'는 이제 역사가의 '주관적 선택'에 의해 좌우되는 거지.
주관
객관

사료보다는 역사가의 판단과 해석이 더 결정적이라는 말은 우리 역사에서도 확인할 수 있어.
어흥

'남북국시대'라고 불리는 발해의 역사를 보자.
북
남

오늘날 우리는 당연히 발해가 중국이 주장하는 것처럼 당나라의 일개 제후국이거나 지방 정권이 아니라,
발해는 당 제국
발해는 당 제국
발해는 당 제국

고구려를 계승한 우리 민족의 국가라는 사실을 잘 알고 있어.
펑
펑
펑
오잇
발해는 당 한국
발해는 당 한국
발해는 당 한국

그런데 이런 역사적 인식은 18세기 역사학자 유득공의 해석과 선택이 결정적으로 작용한 거야.

그가 발해의 역사를 우리 것으로 규정하기 전까지,
발해는 ♬
우리 땅~ ♬
발해
어디서 많이 듣던 노랜데….

발해가 멸망한 후 800년 동안 고려와 조선의 역사책에는 발해의 역사가 전혀 포함되어 있지 않았어.
없지?
진짜 없어?
확
여
배 째.

서얼(庶孼): 본처가 아닌 첩에게서 난 자손.

『발해고』의 서문에서 유득공은 이렇게 말했어.
고려가 발해사를 짓지 않았으니, 고려의 국력이 떨치지 못하였음을 알 수 있다.

고려에서 발해에 대한 기록을 역사로 편찬하지 못한 것을 비판한 거지.

또한 그는 '부여씨(부여)가 망하고 고씨(고구려)가 망하자

김씨(신라)가 그 남쪽을 영유하였고, 대씨가 그 북쪽을 영유하여 발해라 하였다.
발해
신라
남
북

이것이 남북국이라 부르는 것으로
발해
신라
남북국

마땅히 남북국사가 있어야 했음에도 고려가 이를 편찬하지 않은 것은 잘못하였다.'라고 밝혔지.

유득공은 우리 역사학에서 최초로 '남북국 시대론'을 언급하며

우리 역사 인식을 발해까지 확대한 중요한 역할을 했어.

사실보다는 역사가의 인식과 해석이 얼마나 중요한지 잘 알게 해 주는 예야.

에드워드 핼릿 카(Edward Hallett Carr, 1892년~1982년)

그래서 역사가는 자신이 생각하는 역사적 관점과 해석에 합당하는 객관적인 증거로써 사료의 일부만을 중요하게 채택해.
쏙
이것만!

그건 우리가 매일매일 보는 신문도 마찬가지야.
시민 신문

어제 있었던 모든 일들이 다음날 신문에 전부 등장하는 것은 아냐.
살금
울컥
시민일보
당신아들 성적 0점

신문을 편집하는 기자들이 독자들에게 반드시 소개해야겠다는 것만 뽑아서 싣는 거야.
기자

또 어떤 사건은 신문의 제1면을 화려하게 장식하지만
떡밥일보

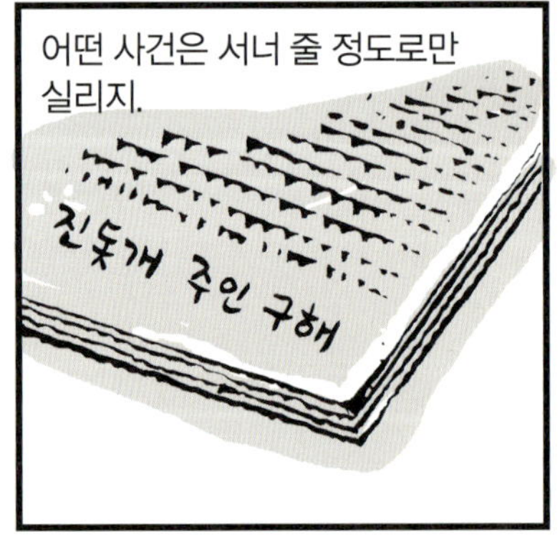

어떤 사건은 서너 줄 정도로만 실리지.
진돗개 주인 구해

결국 무수히 많은 과거 중에서 역사가에 의해 '선택'된 것만이 역사적 가치를 지니게 돼.

따라서 역사란 역사가와 그가 선택한 사실들의 상호작용, 즉 현재와 과거의 끊임없는 대화인 거야.

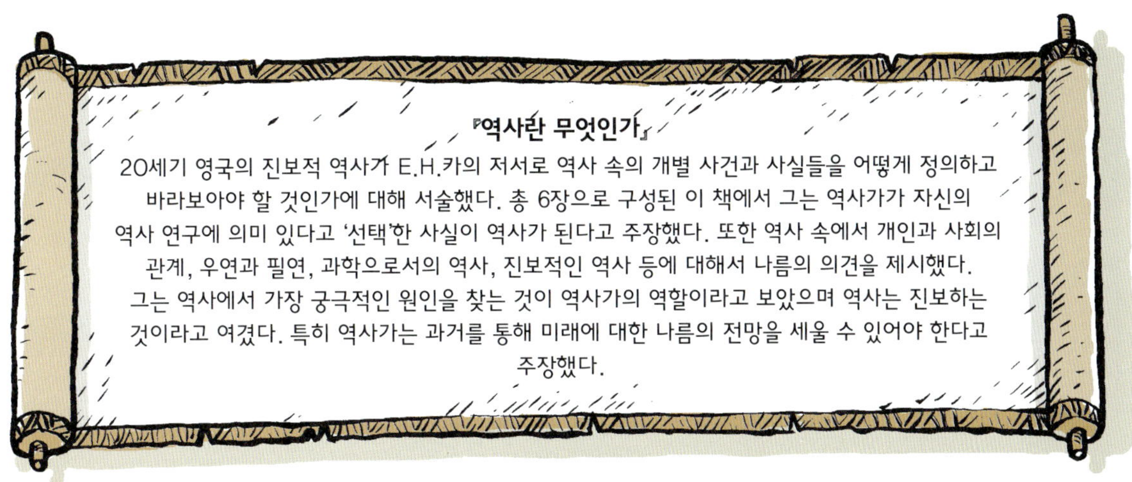

『역사란 무엇인가』
20세기 영국의 진보적 역사가 E.H.카의 저서로 역사 속의 개별 사건과 사실들을 어떻게 정의하고 바라보아야 할 것인가에 대해 서술했다. 총 6장으로 구성된 이 책에서 그는 역사가가 자신의 역사 연구에 의미 있다고 '선택'한 사실이 역사가 된다고 주장했다. 또한 역사 속에서 개인과 사회의 관계, 우연과 필연, 과학으로서의 역사, 진보적인 역사 등에 대해서 나름의 의견을 제시했다. 그는 역사에서 가장 궁극적인 원인을 찾는 것이 역사가의 역할이라고 보았으며 역사는 진보하는 것이라고 여겼다. 특히 역사가는 과거를 통해 미래에 대한 나름의 전망을 세울 수 있어야 한다고 주장했다.

역사가의 주관은 때론 같은 시대를 다루더라도 전혀 다른 성격과 내용을 담은 역사서를 만들어 내기도 해.

김부식의 『삼국사기』와 일연의 『삼국유사』를 보면 확실히 알 수 있어.

두 역사서 모두 고구려, 백제, 신라의 삼국에 대한 역사를 담고 있는데
고구려
신라
백제

결정적으로 다른 점은 『삼국유사』에는 단군에 대한 기록이 있다는 거야.

그리고 다음으로 고구려 주몽의 탄생을 기록했어.
응애
쩌
억

『삼국사기』는 신라의 시조 박혁거세에 대한 서술로 시작돼. 전체적으로도 이 책에는 신라에 대한 부분이 가장 많고,
응애예요.
덜컥!
알동지?
고조선이나 부여와 같이 삼국의 역사 이전에 있었던 나라의 역사는 기록되어 있지 않아.
하늘에서 떨어졌나?
無
이전
삼국시대

그러나 『삼국유사』에는 민족의 시조를 단군으로 보고
……

고조선, 위만조선, 마한, 옥저, 가야, 부여 등
마
부여
초
옥
가야
고조선

『삼국사기』에는 빠져 있는 우리의 고대사가 등장해.
이 안에 다 있다.
팡팡
삼국유사

왜 이렇게 다른 걸까?
부식
일연

그건 김부식과 일연이 바라보는 삼국시대의 역사관이 다르기 때문이야.

일연은 『삼국유사』에 고조선의 역사를 기록함으로써

우리 민족이 스스로의 역사에 자부심을 갖도록 했어.
우리는 알고 보면 대단한 민족!

하늘에서 내려온 환웅과 여자의 몸으로 변한 곰이 결혼해서 아이를 낳았다는,

오늘날 도대체 설명 자체가 불가능한 신화적인 부분도 역사로 적극 해석한 거야.
질겅질겅
웬
상관없어!

주몽이나 박혁거세가 알에서 태어난 것도 그에겐 전혀 문제 되질 않아.
상관없어!
짹
까악

일연은 고려가 몽골에 의해 국난을 겪은 후 국가적인 어려움을 겪고 있던 시기에 『삼국유사』를 집필했어.

그는 우리 민족이 몽골의 간섭을 벗어날 수 있다는 것과
박
몽골

우리 역사가 중국과 대등하다는 역사관을 널리 알리고자 했지.
꿀릴 게 뭐 있어!

그래서 그는 자신의 '주관'에 따라 『삼국유사』의 첫 머리에 신화가 아닌 하나의 사료로써 단군의 기록을 담은 거야.
내 맘이다!

민족 자주성과 문화적 자신감을 역사에 드러낸 거지.
중국에서도 제왕이 나올 때에는 반드시 남과는 다른 큰 변화가 있었다.
우리 역사에도 이러한 신비로운 이야기가 출현하는 것이 어째서 괴이한 것이란 말인가?

그럼 김부식을 볼까?

그는 주몽 등 고대왕들이 알에서 태어난 것을 '괴이하고 믿을 수 없다'고 무시해 버렸어.
말이 된다고 생각해?
꽉
꾸웩!
(왜 나한테….)

역사가의 주관이 실제 역사책에 어떻게 나타나는지 잘 알 수 있는 대목이야.

일연은 이런 괴이한 일들도 우리 민족의 정당성과 주체성을 확보해 주는 자료로 사용했고,
난 그렇게 생각한다.
정당성
주체성

덕분에 독자적인 건국 신화를 가짐으로써 우리 민족은 결코 중국에 뒤지지 않게 만들었는데 말이지.

이처럼 역사서를 볼 때에는 이를 서술한 역사가를 먼저 살펴볼 필요도 있어.
?

김부식이 어떤 사람인지 좀 더 알아볼까?
우왁!

김부식은 고려 전기 경주 출신의 문벌 귀족이야.

그는 12세기 고려에서 자주적 사상으로 서경 천도운동을 펼친 묘청을 진압했고,

묘청(妙淸, ?~1135년)

당시 여진족이 세운 금나라를 큰 나라로 섬길 것을 주장한 정치가이지.
금나라
섬겨라!
남녀노소 할 것 없이 모두 섬겨라!

그는 유교 사상을 받아들여 중국 중심의 보수적인 시각을 갖게 되었고,
척
보수적

국가에 충성하는 것을 강조했는데, 이런 그의 사상이 고스란히 『삼국사기』에 반영되었지.
충성!
충성!
삼국사기

예를 들면 신라의 법흥왕이 독자적인 연호를 쓴 것에 대해 강하게 비판했어.
건방진

연호는 원래 중국 역대 왕의 재위를 달력 대신 사용하는 것인데,
나 진시황, 오늘 왕위에 올랐으니
앞으로는 '진시황~년'으로 표기하기로 한다.

법흥왕이 이것을 쓰지 않고 '건원'이라는 연호를 사용하자
쓱
흥!
건원

김부식은 '중국의 신하로서 속해 있는 한쪽 구석의 작은 나라는 본래 사사로이 연호를 지어 쓰지 못하는 것이다.
코딱지만 한 게….
안 들린다!
신라와 같이 한마음으로 중국을 섬기고 사신과 공물이 길에 이어지는 나라의 왕인 법흥왕이 스스로 연호를 사용한 것은 잘못된 일이다.'라며 비판했지.
에잇!
흥가
싹

또 우리나라 최초의 여왕인 선덕여왕에 대해서도

'신라는 여자를 붙들어 세워 왕위에 있게 했으니
여자가 왕?!
기가 막힌다, 정말….

진실로 난세(亂世)의 일이며, 이러고도 나라가 망하지 않은 것이 다행이다.'라고 했어.

그의 중국 중심, 남성 중심의 보수적인 역사관이 드러나지.
에헴
男
中國
코가 막혀!

한편 신라 통일을 이끌면서 무엇보다 국가에 충성을 바친 김유신을 가장 높게 평가하면서 그에 대해 매우 상세하게 기록해 두었어.
더, 더 길게!

고구려의 광개토대왕이나 연개소문의 기록이 매우 짧게 소개된 것과는 비교되는 대목이야.
두루마리일세!
광개토대왕
연개소문
김유신

김부식의 『삼국사기』는 고려 전기의 문벌 귀족 사회라는 시대적 배경,
올라올 테면 올라와 봐!
관직 독점
대토지 소유
문벌 형성

그리고 묘청의 서경 천도운동을 진압한 보수적이고 중국 중심의 사고를 가진
최고!
중국 최고!

유학자 김부식이라는 역사가 개인을 이해하면서 봐야 할 역사서야.
이런 환경에서 자랐으니 이런 사상을 가질 수밖에. 쯧.
왠지 기분 나빠!

일연은 13세기 고려의 승려였어.
아미타불~.
똑똑

그는 왕에게 불교를 강의할 정도로 국가적 존경을 받던 스님이야.
그야말로 성인이라는 느낌!
광채가 난다….

『삼국유사』도 대부분 삼국 시대 불교와 관련된 내용이야.
삼국유사

그는 우리 역사의 주체성과 독자성을 강조하며
우리 역사도 주체성을 갖는 무언가가 있어야 한다!
주관

「기이」, 「왕력」편에서 단군조선부터 시작하여 위만조선, 마한, 부여 등 독자적인 우리 고대사를 서술했어.
펑!
펑!
펑!
단군조선
위만조선
마한
부여

『삼국사기(三國史記)』

12세기 중엽 고려 인종 때 편찬한 역사서. 현재까지 전해지는 가장 오래된 역사서이다. 『구삼국사』와 중국 측 사료를
바탕으로 당대 문벌귀족인 김부식이 저술했다. 구성방식은 중국의 사마천이 지은 『사기』와 같이 기전체로 엮었다.
즉 삼국의 왕에 대한 「본기」, 영웅과 특이한 행적을 남긴 사람들의 기록인 「열전」을 중심으로 연대기를 알 수 있는 「연표」,
제사, 음악, 복식, 지리 등을 담은 「잡지」 등 전체 50권으로 구성되었다.

『삼국유사(三國遺事)』

13세기 후반 고려 충렬왕 때 편찬한 역사서. 이 책은 말 그대로 '유사',
즉 삼국 시대에 남겨진 일들에 관한 기록으로 엄밀하게 말하면 정식
역사서는 아니다. 9편으로 구성된 이 책에서 「왕력」편은 왕들을
중심으로 연대기를, 「기이」편은 단군, 주몽의 탄생과 같은 신비로운
일을, 「흥법」에서는 삼국의 불교 전래 과정과 발전을 담았다. 이외에도
「탑상」, 「의해」, 「신주」, 「감통」, 「효선」, 「피은」 등에서 주로 불교의
탑과 절, 스님 등의 이야기를 다루었다. 고대 시가 문학인 향가도
여기에 실려 있다.

또 『삼국유사』에는 선덕여왕 때 중국에서 유학을 마치고 돌아온 자장법사가

신라를 둘러싸고 있는 9개국의 침입으로부터 신라를 지켜내기 위한 호국불교의 상징으로
북으로는 말갈, 남으로는 왜국과 인접해 있으며,
고구려와 백제, 두 나라가 번갈아 침입하는 모양이라니!

황룡사 9층 목탑을 짓자는 건의를 했다는 기록 등도 나오지.

일연의 주관적인 선택이 무엇인지를 알 수 있는 대목이야.
삼국유사

같은 시대를 기록했지만 이렇게 두 역사서에서 전혀 다른 사료가 채택되고 빠지기도 하며 역사가의 주관이 선명히 나타난다는 것을 이해했을 거야.
틀린그림찾기

역사가에게 사료는 필수적이지만 숭배의 대상은 아니야.

사료가 의미를 갖는 것은
의미부여
의미부여
의미부여
그것이 중요하다고 판단하고 어떤 사건이나 사실의 결정적 원인이나 결과라고 판단한 역사가의 선택과 해석 때문이지.

따라서 역사란 랑케가 말한 것처럼 과거의 수많은 사실을 그대로 복원하는 것이 아니라
꿍
사실
땡~

역사가가 자신의 역사 연구에 의미 있다고 '선택'한 사실만이 역사가 되는 거야.
척

쉽게 생각해서 중고등학교 역사 교과서에 한국사가 모두 들어 있는 것은 아니야.
지금도 외워야 할 게 이렇게 많은데….

우리의 수천 년 역사 속에서 현재의 학생들이 정말 알아야 한다고 생각되는 사실과 사건을 교과서 편찬자들이 선택한 것이지.
일종의 요점노트네.
이 안에 역사가 꾹꾹 눌러 담겨져 있는 거구나.
역사

E.H.카는 그런 의미에서 역사가와 역사적 사실은 서로에게 필수적이며,

자신의 사실을 가지지 못한 역사가는 뿌리가 없는 쓸모없는 존재라고 했어.
근본 없는 놈!
사실

마찬가지로 자신의 역사가를 가지지 못한 '사실'은 죽은 것이며 무의미하다고 말했지.
꽥

따라서 역사란 역사가와 '그가 선택한' 사실들의 상호작용, 즉 현재와 과거의 끊임없는 '대화'인 거야.
역사

'역사주의'로 바라보는 세계

오직 역사로만 세상을 바라볼 수 있을까요? 19세기 독일의 철학자 헤겔에 따르면 충분히 '가능합니다'. 우리는 종종 '역사는 승리하리라.' 혹은 '역사가 증명할 것이다.'라는 말을 쓰는데, 이때의 주체는 신이나 특정 정치 집단이 아니라 바로 '역사'입니다. 판단의 주체로 역사가 기능한다는 것이죠.

19세기 이래 '역사주의'는 크게 두 가지로 발전되어 왔습니다. 우선 위에서처럼 헤겔 등의 철학자가 주장한 것인데, 세상의 모든 역사는 '절대 정신'에 의해 진행되어질 수밖에 없다는 것입니다. 기독교의 '신'을 연상시키는 헤겔의 '절대 정신'은 역사를 지배하는 형이상학적 가치가 있음을 의미하며 자연스럽게 역사는 마치 기독교적 천년왕국설처럼 방향성을 가지게 되죠. 재미난 것은 이러한 역사주의는 주로 독일에서 발전했는데, 그 속에는 당대 독일 제국의 정치적 상황을 옹호하는 보수적 이념이 자리 잡고 있다는 것입니다. 단지 그것을 '절대 정신'이라는 이름으로 포장했다는 비판을 받았습니다.

20세기 가장 영향력 있는 과학 철학자로 꼽힌 칼 포퍼(Karl Raimund Popper).

한편 또 다른 역사주의는 사물과 세계를 바라보는 특정한 방법론을 말합니다. 모든 대상을 역사적인 전제와 관점으로 파악하는 것인데, 심지어 예술적 문학 작품 분석에도 이러한 역사주의적 파악이 가능하죠. 예를 들면 이육사의 '광야에서'나 한용운의 '님의 침묵'과 같은 시를 역사주의적 해석으로 보면 이것이 일제강점기라는 시대 배경 속에서 민족 독립을 꿈꾸는 또 다른 표현임을 파악할 수 있는 것입니다.

　　20세기 대표 철학자인 칼 포퍼는『열린 사회와 그 적들』이라는 책에서 플라톤의 이데아론에서부터 헤겔과 칼 마르크스까지를 역사주의적 관점에서 파악하며, 이들에 의해 전체주의 사상이 잉태되었다고 비판했습니다. 왜냐하면 이들 모두 역사가 특정 법칙에 의해 결정된다는 이론을 제시했기 때문이죠. 이런 칼 포퍼의 날카로운 비판이 나오기 전에 이미 철학자 니체 또한 역사주의가 인간의 순수한 정신적 의지와 창조력을 갉아먹을 수도 있다는 말을 남기기도 했습니다.

　　역사주의의 단점에도 불구하고 그것이 가진 장점, 즉 예를 들면 세계사적 차원으로 역사와 인간을 이해하고, 역사의 극단적인 주관을 배제하며 인간 행위의 여러 유형을 모아 그 속에서 사회와의 연관성을 찾는 매력은 분명 무시할 수 없을 것입니다.

포퍼가 적으로 규정한 전체주의의 대표자들: 히틀러와 무솔리니

6장 개연성과 상징으로 이해하는 역사적 상상력

아래는 심리테스트를 할 때 사용하는 빈 칸에 글자를 넣어서 낱말을 만드는 문제야.

M자를 넣으면 밀크milk가 되고 S자를 넣으면 실크Silk가 되겠지.

그런데 왜 다른 선택을 하는 걸까?

개성의 차이일까, 아니면 무의식의 작용일까?

역사도 이런 빈칸 메우기와 같을 때가 많아.

문헌, 유물, 유적 등이 남아 있고,

이를 해석하고 선택하는 전문적인 역사가들이 있지만,

여전히 역사를 완벽하게 재현할 순 없어.

역사 속 과거란 늘 이렇게 절반 정도 남아 있는 흔적과 채워야 할 빈칸들이 있거든.

그래서 객관적인 사료와 주관적인 역사가의 대화 외에도
역사가
?

역사적 상상력을 보태야만 그 빈칸을 채울 수 있지!
역사가
♪

그런데 상상력은 소설에나 등장하는 허구의 세계인데,

사실을 생명처럼 중시하는 역사에서 사용해도 되는 걸까?
내 생명이다
상상
역사

그러나 남아 있는 자료들을 토대로 사건의 인과관계를 찾을 때,
……
역사
역사
역사
역사
사실

'아마 당시에 이런 일이 있지 않았을까' 하는 추측이 필요할 수 있거든.
역사
개연성
역사
사실

『칼의 노래』(2001): 이순신 장군의 이야기를 소재로 한 김훈의 장편소설.

더 나아가 이순신이라는 개인이 던져주는 질문,

즉 국가와 시대의 위기 앞에서 개인이 해야 할 행동은 무엇인가라는 제법 묵직한 주제도 담겨 있어.

이쯤 되면 이 소설은 역사가들이 쓴 이순신에 관한 전문적인 학술서보다 더 생생하고 더 큰 의미를 가질 수도 있어.

상상력이 역사와 만나서 생기는 파급력이 꽤 크다는 거야.
상상력
상상력 소스 역사 스테이크

아직 우리 역사학계에서 크게 나타나지는 않지만, 서양에서는 과거의 여백을 메우기 위해 역사가의 상상력을 적극적으로 인정하는 분위기야.
콰아
서양 역사
상상력

그리고 역사가의 상상력은 역사가 마치 영화처럼 재미난 이야기와 반전 등의 요소가 포함된 형태로도 나타나.
브루스윌리스는 귀신이다

나탈리 제먼 데이비스(Natalie Zemon Davis, 1928년~)

사랑과는 전혀 무관한, 아버지에 의해 결정된 결혼을 받아들여.
OK?
OK

물론 상대방도 관습처럼 집안을 보고 결혼한 거지.

그런데 이 결혼 생활은 얼마 지속되지 못하고,
끼이익
뚝

아버지와 싸우며 불화를 겪은 마르탱은 갑자기 자취를 감춰.
휘이이잉
....

몇 년 후 홀연히 돌아온 그는
잘지냈소?
!

착한 사람으로 변해 여느 가족처럼 자식도 낳고 안정된 삶을 살지.

어느 날, 삼촌과 재산을 놓고 다투다가 재판에 회부되며 일이 커지는데,

재판정에서 삼촌은 그가 사실은 '가짜' 마르탱이라고 주장해.
가짜

8년 동안 아내와 같이 살면서 딸까지 낳았는데 말이지.
♪
아빠

반전은 여기서 끝나지 않아. 아내는 이 사실을 처음부터 알고 있었다는 거야.

골치 아픈 일은 가짜로 찍힌 마르탱이 주변의 지인들은 물론
난 모두 알고 있소!

자신의 어린 시절 일을 너무나 또렷하게 기억하고 있어서,
잡아먹자!
땡!
어린 시절에는…
주절 주절

그가 가짜라는 사실이 쉽게 판명나질 않아.

그런데 재판이 진행되던 마지막 즈음에 갑자기 전쟁터에서 다리를 다쳐 절뚝이는 한 청년이 들어와,
절뚝

자신이 진짜 마르탱이라고 주장하며 모든 상황이 뒤집어지지.
내가 진짜
어!

그러자 아내는 자신은 모르는 일이며 희생자일 뿐이라고 하고,
전 몰라요

결국 진짜 마르탱에 의해 탄로가 난 가짜 마르탱은 처형을 당해.

이처럼 소설과도 같은 마르탱의 이야기는 이게 진짜 역사인지 아닌지 구분이 안 되면서,
?

영화나 드라마처럼 재미있고 쉽게 읽혀.

또한 중세에서 근대로 넘어가는 시기에 당시의 사람들이 어떤 생활을 했는지도 알 수 있어.

특히 중세의 결혼과 근대의 결혼에 대한 차이가 눈에 띄어.
?

사실 마르탱과 그의 아내는 애초에 사랑하던 사이도 아니고
누구?

생판 처음 보는 사이인데도 10대 초반이라는 놀라운 나이에 결혼을 했어.
헉!
말도 안돼

그런데 이것이 중세 시대에는 너무나 자연스럽다는 거야.
우린 더 어린데

당시의 결혼은 사랑이 없어도 얼마든지 가능한 것이었어.
펑

집안 세력이나 재산 등을 기준으로 결혼이 성립하는 거지.
OK
OK
성립

데이비스는 이런 가운데 가짜 마르탱과 8년이나 산 아내를 보며

자신의 상상력을 발휘하며 아마도 그녀가 재판정에 가기 전에 이미 가짜 마르탱의 존재를 눈치 챘을 거라고 추측해.
처음부터 알고 있었지!?
아… 아뇨

그렇지만 진짜보다 가짜 마르탱이 더 매력적이고 사랑스러운 존재였으므로
진짜
가짜

가짜임을 알고도 받아들이게 되었다는 거야.
오랜만이요~
멋지니까 모른척하자
아잉 몰라요

데이비스는 여기서 중세의 끝자락에 나타나는 새로운 아내상을 제시해.
웅성 웅성

평범한 여성이 관습과는 무관하게 개인의 행복을 위해 적극적인 의지와 행동을 보였다는 거야.
행복권리
와
와아

중세에서 근대로 넘어가는 상황을 기존에 르네상스나 십자군 전쟁, 절대왕정과 시민계급의 등장 같은 거대한 정치사나 사회경제적인 틀로 파악하는 것과 달리,

기존의 거대 담론 중심의 역사에서 주목받지 못한 평범한 여성의 행동을 추적하여 설명하는 시도야. 게다가 역사가의 상상력이 들어가 있지.
중세
상상력
근대

자유, 평등 같은 거창한 사상이
아니더라도

'행복'이라는 개인만의 가치를 위해,

가짜 남편이라도 적극적으로
받아들이고 열정적으로 사는 것,

그것이 새로운 '근대'라는 시대라고
파악하고 있는 거야.
현 재
미 래

그래서 역사가 데이비스는
가짜 마르탱과 아내의 결혼을
'창안된 결혼(Invented marriage)'
이라고 표현해.

중세의 농민들이 늘 하던 관습적인
결혼과는 전혀 다르다는 거야.
저 놈머리 보쏘-

책에서는 재판정의 개신교 판사는 이런 아내의
행동을 일부 이해해서,
탕
탕

아내에 대한 처벌이 이루어지지 않아.

또한 이 책에서는 자본주의가 무엇인지 정의를 내리며 산업혁명 등을 설명하는 것이 아니라,
자본 주의란?
산업혁명 이란?

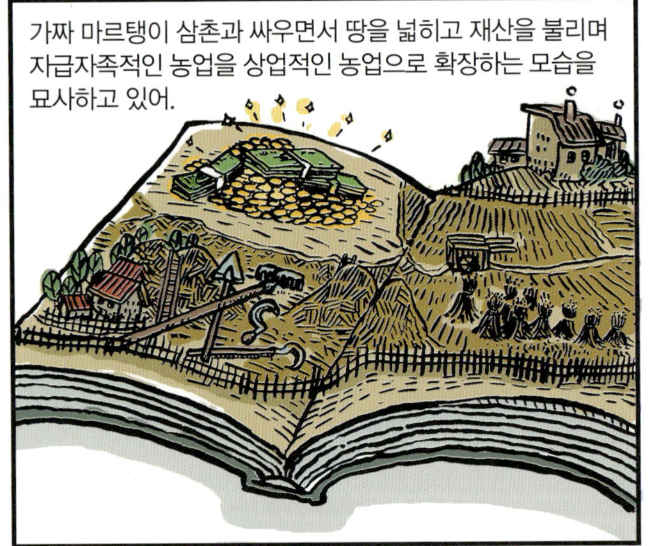

가짜 마르탱이 삼촌과 싸우면서 땅을 넓히고 재산을 불리며 자급자족적인 농업을 상업적인 농업으로 확장하는 모습을 묘사하고 있어.

중세의 안락한 농촌이 아니라 기업처럼 확장하며 이윤을 남기는 자본주의적 인간형으로 가짜 마르탱이 묘사돼.

그러면서 역사가 데이비스는 상상력을 발휘해 가짜 마르탱이 자신의 사업을 확장하지만 않았어도 삼촌과의 불화, 그리고 재판과 처형에까지 이르지는 않았을지도 모른다고 추측하지.
턱

유럽의 16세기와 그 시대를 살아간 이들의 구체적인 삶을 생생하게 보여주고 있어.

로버트 단턴(Robert Darnton, 1939년~)

1730년대 파리의 한 인쇄소의 인쇄공들은

열악한 작업 환경과 주인의 간섭에 지쳐가고 있었어.

더군다나 숙소 근처에서 밤마다 울어대는 고양이 소리에 잠도 제대로 잘 수가 없었지.

그런데 마침 주인의 아내에게도 매우 애지중지하는 고양이가 있었어.

어느 날 밤 인쇄공 중 한 명이 주인 내외의 침실 근처 지붕에 올라가
야옹 야옹

고양이 울음소리를 내서 주인과 그 아내가 잠을 잘 수 없게 만들어 버렸지.
쿠
야옹 야옹

화가 난 주인은 당장 모든 고양이를 죽이라고 명령하고,
모두 없애!

노동자들은 기다렸다는 듯이 고양이를 죽여. 물론 주인 아내의 고양이까지 포함해서 말이지.

인쇄소의 모든 노동자들이 모여 모의재판을 벌이고,

고양이에게 유죄 판결을 내린 후
카오

즉석에서 만든 교수대에 매달아 버렸지.

잠시 후 이를 본 주인은 노동자들이 일은 하지 않고 오로지 고양이 죽이기에 열을 올리는 모습에 화를 내고,
이게 최고!?
아니 저것들이 일은 안 하고….

주인의 아내는 그들이 간접적이지만 반항하고 있다는 사실을 알고는 충격을 받아.
혀

하지만 인쇄공들이 끝까지 물러서지 않고 계속 진행하자, 주인과 아내도 어쩔 수 없이 집안으로 물러갈 수밖에 없었지.

오랜만에 노동자들은 환희와 웃음 가득한 시간을 즐길 수 있었어.
와아
와아

그렇다면 여기에 담긴 역사적 의미는 무엇일까?
?

역사가 단턴은 고양이를 살해하는 행동은 주인, 즉 당시 부르주아로 불리던 자본가에 대한 노동자들 전체의 증오를 표현한 것이라고 추측해.

자신들에게 힘든 노동을 떠넘기면서 물건 다루듯 했던 주인에 대한 분노를 자신들만의
단결과 고양이 학살이라는 문화적 의례를 통해 표출했다는 거야.

그렇다면 왜 하필 '고양이'가 대상이었을까?

여기엔 민속학적 상상력과 해석이 필요하지.

원래 유럽에서 고양이는 마법을 부리는 존재로 여겨졌고,

근대 초기까지 고양이를 학살하는 것이 대중적인 오락이었다는 거야.

그리고 여기서 고양이는 주인 혹은 주인의 아내와 동일시돼.

따라서 고양이를 학살하는 것은 곧 주인과 아내에 대한 조롱이자 증오의 표현이지.

고양이를 처형함으로써 그들은 주인 내외를 비난하고 당시 부르주아 계급에게 유죄를 선언한 거야.
탕탕
?
유죄

더 나아가 당시 프랑스 구체제(절대 왕정 체제)의 모순된 법질서와
헌법

귀족과 성직자 등의 지배층이 만들어낸 사회 질서 전체를 조롱한 거지.
……
메~

그리고 이런 소극적인 저항이 모여 프랑스 혁명이라는 민중봉기로 이어진다고 볼 수 있어.

역사가 단턴은 이런 상징적 해석과 추측 등을 하기 위해 민담, 미신, 속담 등 다양한 민속자료를 찾아보았어.
랑케처럼 문서보관소로 가는 대신!

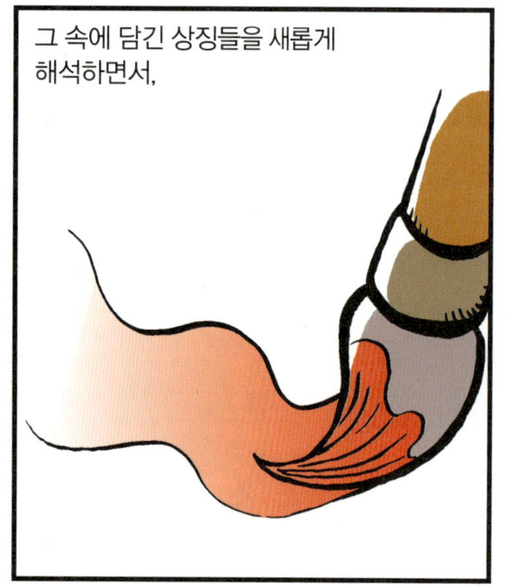

그 속에 담긴 상징들을 새롭게 해석하면서,

평범한 민중들이 당시 거대한 역사적 사건이나 체제 속에서 어떻게 자신들의 생각과 의도를 실천했는지 알 수 있었어.
?
의도가~

우리가 다녔던 학교에 대한 역사를 쓴다고 해 보자.

단순히 학교가 언제 생겼고, 건물은 어느 정도 크기이고, 교가나 교훈을 안다고 해서,

과연 그 학교의 역사를 제대로 파악한 걸까?

학교를 다녔던 사람들이 실제 어떤 교육을 받았고, 그것을 어떻게 마음 속으로 받아들였는지를 알아야 할 거야.

또 책상 위나 화장실의 낙서, 과제물이나 상담일지, 학생들의 일기와 그들만의 문화 등
내자리

평범하지만 구체적인 모습을 담고 있는 자료를 이해하고 추측하며 그들 입장에서 상상해 봄으로써
변태..
무슨생각 할까?

진짜 학교 교육의 역사를 생생하게 쓸 수 있을 거야.

역사가는 주관을 가지고 사료의 부족함을 메우고 다양한 상황에 대한 상상력을 더함으로써 과거의 역사를 더욱 풍부하게 그릴 수 있어.

비록 그것이 완벽하지는 않더라도
최악

과거를 알 길이 없는 오늘날, 역사를 이해하는 또 다른 방법이 될 수 있는 것만은 충분해.
쑥쑥
상상력

이렇게 객관과 주관에 더하여 상상력 또한 역사를 이해하는 열쇠가 되는 것을 알았으면 해.
상상력

역사의 현미경,
다양한 문화 속 역사

최근 역사학계에는 거대한 정치 구조와 사회경제적 구조 속에서 사람들이 어떤 삶을 살았는지를 이해하기 위해 문화적 탐구를 시도하고 있습니다. 과거를 온몸으로 살아간 사람, 바로 '개인'에 초점을 맞추고 역사를 찾다보면 평범한 농부, 노동자, 여성 등 진정한 '인간의 얼굴'을 한 갑남을녀의 역사를 복원할 수 있다는 것입니다.

소설 같은 필력을 선보이는 카를로 긴즈부르그(Carlo Ginzburg). ⓒUCLA Homepage

흔히 '미시사'로 불리는 이러한 문화사를 개척한 역사가는 이탈리아 출신의 카를로 긴즈부르그입니다. 그의 미시사 연구 대표작으로는 『치즈와 구더기』가 있는데, 이 책에는 16세기 유럽의 평범한 사람들이 어떤 독서를 하고 지배층과는 다른 자기만의 독창적인 생각을 할 수 있었는지 추적하고 있습니다. 이 책의 주인공은 메노키오라는 평범한 방앗간 주인인데, 그는 당시의 기독교 세계관과는 전혀 다른 자유롭고 독창적인 생각으로 세상을 바라봅니다. 메노키오는 기독교의 삼위일체, 그리스도의 신성, 교황과 교회의 권위를 모두 부정하고 하느님과 인간 모두 혼돈 속에서 창조되었다고 생각하죠. 오늘날에야 빅뱅이론 같은 과학에 기댈 수 있겠지만, 기독교 세계 속에서는 용납될 수 없는 생각이었습니다.

메노키오는 세상이 하느님의 창조물이 아니며, 태초에 혼돈으로부터 마치 우유에서 치즈가 만들어지듯 물질 덩어리가 형성되어 구더기가 나타났는데, 그게 천사라고 생각했습니다. 중요한 점은 이것이 그가 스스로 생각한 결과라는 것입니다. 역사가 긴즈부르그는 마치 셜록 홈즈처럼 어떻게 평범한 그가 이런 생각을 할 수 있었는가를 추적하기 시작합니다. 그는 추리 소설과도 같은 서술 방식으로 역사를 쓰면서 메노키오가 교황청에 의해 화형에 당하게 되는 것은 당시 지배

문화가 메노키오로 대변되는 민중 문화를 억압하고 통제했기 때문이라고 결론짓
죠.

평범한 이들의 문화사 외에도 인간을 둘러싼 환경과 물질, 음식 등으로 역사를 바라보는 경우도 있습니다. 서양의 대표적인 음료로 생각되는 커피를 떠올려 보세요. 사실 커피는 처음부터 유럽의 대표 문화가 아니었습니다. 커피의 원산지는 아프리카의 에티오피아이며, 커피 음료의 발상지는 이슬람권입니다. 우리가 흔히 알고 있는 '모카커피'는 상표이름이 아니라, 아라비아 반도 남서쪽에 위치한 예멘이라는 나라의 유명한 커피 산지이자 항구 이름을 딴 섯이죠. 이슬람에서는 종교상 술이 금지되어 있었기 때문에 그 대신 커피를 많이 마시게 되었습니다.

커피가 유럽에서 유행하게 된 것은 오스만 투르크의 비엔나 침공 이후 오스트리아로 전파되면서부터입니다. 이때 유럽 최초의 커피점이 비엔나에 생겼고 고급문화를 상징하며 유럽에 퍼지게 됩니다. 커피는 프랑스 혁명의 사상적 배경이 된 계몽사상을 만든 이들이 즐겨 찾던 음료이기도 한데, 백과전서파로 불리는 디드로나 계몽사상을 주창한 루소 같은 이들은 당시 파리의 커피하우스의 단골이었습니다. 이러한 커피하우스, 바로 카페에서 왕과 귀족 세력을 반대하는 계몽사상가, 부르주아, 노동자들이 자신들의 불만을 토로하고 정치적 비평을 쏟아냈죠. 그래서 커피가 프랑스 혁명을 일으킨 배경 중의 하나일지도 모른다는 말도 있을 정도입니다. 문화사 또한 정치사나 사회경제사 못지않게 중요함을 인식할 수 있는 사례인 것이죠.

1870년 영국 주간신문 〈The Illustrated London News〉에 삽화로 실린 파리의 카페 모습.

7장 승자와 패자와 갑남을녀가 역사의 주인공

베르톨트 브레히트(Bertolt Brecht, 1898년~1956년)

토머스 칼라일(Thomas Carlyle, 1795년~1881년)

그래서 역사는 영웅과 위인 같은 승자들의
기록이라고 해도 과언이 아니야.

세상의 주인은 바로 이렇게 뛰어난 인물들이며,
그들의 발자취를 기록한 것이 역사이기도 하지.
이건 나의 역사!
왈

그런데 역사는 이들 영웅만으로
채워진 건 아니야.

그들 외에도 역사 속에는
반역자나 의적 등 실패한
사람들에서부터

평범한 노동자, 농민, 여성들까지
다양한 사람들이 등장하기도 해.

즉 역사에서는 1등과는 다른 길을 간 사람들이
조명을 받기도 하지.
내 피부는
소중하니까
쿨쿨
음냐
음냐

견훤과 궁예를 보자.

그들은 엄연히 통일 신라의
반역자들이야.
크하하

노골적으로 통일 신라의 중앙
정부에 반기를 들고
반기

각각 백제와 고구려의 계승자임을
강조하지.
내 땅.
여긴 내 땅.

신라의 입장에서는 중대한 모반자들이지만, 오히려 우리는 그들을 통해 영웅만큼이나 중요한 역사적 의미를 찾을 수 있어.
그냥 모반이 아니라구.

통일 신라에서 고려로 넘어가는
웃샤

고대 시대에서 중세로 연결되는 과정에서 나타나는 중요한 역사적 흐름이기 때문이야.
역사
과정
고대
중세

그들과 같은 지방 호족이 출현하면서 신라라는 고대 사회가 해체되고,

후발 주자였던 왕건이 결국 통일을 이뤄내지.

반역자들을 통해 시대의 변화를 읽어내기도 하는 거야.
역사

의적을 자처하는 시대의 반역자 또한 우리가 눈여겨볼 만해.
'의적'은 무슨 말일까?

임꺽정은 조선 중기 때의 유명한 도적이야.

그런데 그가 의적 행세를 하고 사람들에게서 지지를 얻은 것은
최고!

당시 정치가 어지럽고 백성들만 고스란히 힘겨운 생활을 하고 있었기 때문이야.

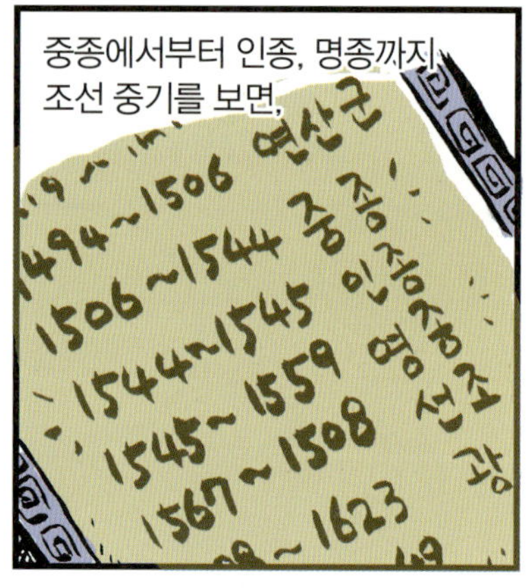

중종에서부터 인종, 명종까지 조선 중기를 보면,
1494~1506 연산군
1506~1544 중종
1544~1545 인종
1545~1559 명종
1567~1508 선조
~1623 광

지배층은 권력다툼에 빠져 있고
퍽
퍽

지방의 수령들은 백성을 괴롭혀 이를 피해 농민들은 떠돌아다닐 수밖에 없었어.

그런 배경 하에 '키다리 장정'이라는 이름을 가진 백정 출신의 천민 임꺽정이

당대 민중에게 영웅만큼 명성을 얻게 되지.
月
와아,
와! 와아

홍길동의 경우도 마찬가지야.

사실 그는 소설 속 주인공이 아니라 연산군 때 실존했던 인물이야.
꼬집
아야
정말 살았었다구.

가렴주구(苛斂誅求): 세금을 가혹하게 거두어들이고, 무리하게 재물을 빼앗음.

일본군과 조선 관군에 의해 탄압 당했어.

둘째, 대한민국 임시정부를 이끌고 일본에 저항하던 중

1945년에 미군의 협조를 얻어 우리 스스로의 힘으로 독립을 쟁취하기 위해

국내 진공 작전을 계획해.
아니, 이 진공 말고.

한국광복군이 미국의 항공기나 잠수함으로 국내에 투입하여 일본군을 몰아내는 작전이었어.

그러나 미군의 원자 폭탄이 일본에 투하되어

일왕이 항복을 선언함으로써 이 작전은 물거품이 되지.
무조건 항복!

셋째, 그는 남과 북이 분단의 길로 접어들자 이를 막기 위해
툭

73세의 나이에도 불구하고 평양으로 가서
스윽

남과 북의 지도자들을 모아 분단을 막아 보려 하지.

그러나 분단을 막지 못하고 오히려 1949년 6월에 암살당해.

만약 역사가 승자만을 다룬다면 이런 세 번의 큰 실패를 남긴 김구는 역사에서 지워져야 할 존재였겠지만,

실패 또한 우리에게 역사적 의미를 던져주는 거야.
역사적 의미
어이쿠

김구의 실패는 오히려 역사의 거울로 우리에게 다가오지.
실패는 소중한 밑거름!

실학자 정약용도 당시에는 정치적으로 실패했지만 오늘날 우리에게는 의미 있는 존재가 되었지.
괜찮아요.

정약용(1762년~1836년)
조선 후기 정치인이자 실학자. 정치 기구의 전면적 개혁과 지방 행정의 쇄신, 농민의 토지균점과 노동력에 의거한 수확의 공평한 분배, 노비제의 폐기 등을 주장했다.

신유박해(辛酉迫害): 1801년(순조 1년)에 발생한 천주교회 박해 사건.

이런 걸 보면 어쩌면 역사에서의 성공과 실패는 당대에 결정되는 것이 아니야.

당시의 사건이나 인물의 활동이 후대에 어떤 영향을 미쳤느냐에 따라
어이쿠!

역사는 패배자일지라도 적극적인 관심을 기울이며 그에게 지면을 할애하지.

더 나아가 역사는 우리가 쉽게 잊고 있는 평범한 농부, 노동자, 여성이나 다양한 인종 등에게도 역사의 무대를 제공해.
짝
짝짝
와!

사실 나폴레옹이라는 역사의 영웅 뒤에는

그를 따랐던 수많은 이름 없는 프랑스 병사들이 있었지.

이와 같은 무명의 평범한 다수가 없었다면 역사는 전혀 다른 방향으로 전개되었을지도 몰라.

그런 의미에서 이름 없는 수많은 사람들도 역사의 또 다른 주인이 될 수 있어.
물론 나도!

에드워드 파머 톰슨(Edward Palmer Thompson, 1924년~1993년)

『영국 노동계급의 형성』은 바로 이런 잊혀진 사람들,

즉 가난한 양말직공, 양복제조자, 인쇄공 등의 보통 사람들이 어떻게 역사의 무대에 등장하게 되는지를 촘촘히 그리고 있어.

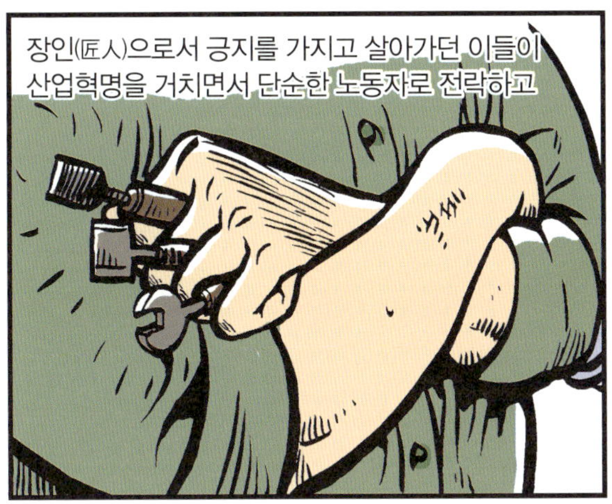

장인(匠人)으로서 긍지를 가지고 살아가던 이들이 산업혁명을 거치면서 단순한 노동자로 전락하고

기계 부품이나 물건처럼 취급당하며

정당하지 못한 임금을 받고 사라지는 일자리를 보며

가만히 앉아서 당하고 있지만은 않았다는 거야.

더 나아가 프랑스 혁명과 산업 혁명은 별개의 것이 아니며,

프랑스 혁명의 자유, 평등, 박애의 정신을

영국의 초창기 노동자들도 주체적으로 받아들이고

이를 위해 민주주의를 내걸며 정치적 투쟁을 했다는 거지.
모두 평등하다!
국가는 우리 모두의 것!

이들은 단순한 사회 불만 세력이 아니라

영웅이나 지배층만큼 자신의 생각을 말하고 권리를 주장할 수 있는 역사적인 존재라는 것을 당당히 보여 주었어.
우리 회의합시다!
이런 부분이 불편해요.
다 같이 나눠서 하죠.
하하
웅성
웅성
와

물론 지배층에게는 이름 없는 폭도로만 보였을 수도 있겠지.
또 시작 이군!! 쳇!
지배층
와아
와
자유
평화

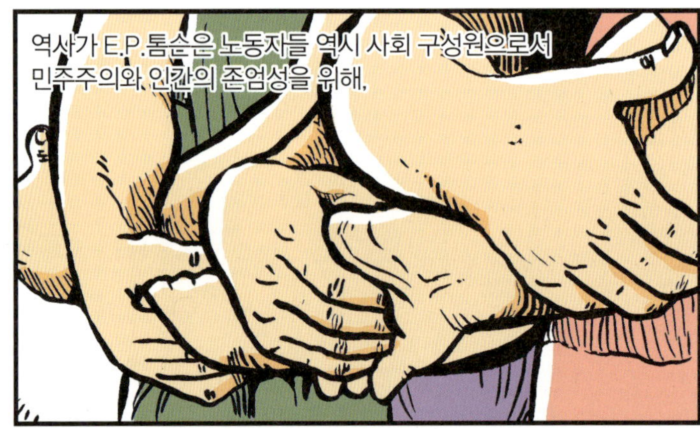

역사가 E.P.톰슨은 노동자들 역시 사회 구성원으로서 민주주의와 인간의 존엄성을 위해,

하나의 문화적 공동체이자 단일한 노동계급으로 성장한다고 했어.

결국 그들은 기계 파괴 운동으로 불리는 '러다이트 운동'을 시작으로,

러다이트 운동(Luddite): 1811~1817년 영국의 수공업자들이 자신들의 일자리를 빼앗은 섬유기계를 파괴하는 폭동을 일으킨 사건.

노동자 계급의 선거권 획득까지 이어지는 '차티스트 운동'을 통해 역사의 전면에 등장해.

차티스트 운동 (Chartism)

1830년대 후반부터 1840년대까지 영국에서 일어난 노동자 계급 중심의 민중 운동. 주로 선거권 획득을 위해 투쟁했으며 노동자 계급의 정치 투쟁으로 확대됐다.

자신의 몸을 던져 산화한 전태일이야.

전태일은 재단사 출신의 가난한 노동자였어.

당시 60년대 말 한국 경제가 수출 주도의
경제 성장을 시작했지만,

그 이면에는 저임금과 열악한 작업 환경에
시달리는 다수의 노동자들이 있었지.

전태일은 자신과 주변의
불우한 처지를 묵묵히
참고만 있진 않았어.

그는 주변의 나이 어린 소녀들이 장시간 중노동에
시달리면서도
휴

최저생계비에도 미치지 못하는 임금을 받는 현실에
가슴 아파하고 분노했어!

그래서 이를 고쳐 보기 위해 먼저 작업장의 노동조건을 조사한 후

회사가 근로기준법을 준수하지 않는다는 것을 고발하기 위해 관련기관에 진정서를 제출하지만
진정서
진정서

번번이 묵살을 당했어.
이면지
획
진정서

아무리 해도 자신의 행위가 계란으로 바위치기에 불과한 것을 깨달은 그는

결국 자신의 몸을 던지며

인간으로서 최소한의 대접조차 받지 못하는 당시 한국사회의 일그러진 자화상을 고발했지.

평범한 노동자였지만 그의 행동은 역사적으로 매우 의미심장한 것이었어.

이를 계기로 우리나라의 민주적 노동 운동이 발전하는 중요한 계기가 되었기 때문이야.

한국 노동 운동사에서 전태일은 매우 중요한 역사의 한 페이지인 거지.
크나큰 이정표!
청년 전태일

이처럼 우리 역사에서도 평범한 이들이 역사의 주인으로 등장한 경우가 있어.
A동
B동

역사의 주인공은 분명 사람들이야.
아부부

그런데 지금까지는 역사를 영웅이나 승자 아니면 정치, 경제 등의 거대한 구조와 틀로만 파악하려 했어.
삼국시대

그러다보니 그 속에 있는 수많은 '개인의 얼굴'이 제외된 거야.
대한제국
조선시대
나는?

역사에서 중요한 것은 통계자료에 수치로 표시되는 사람이 아니며,

익명성으로 존재하는 군중이나 대중이 아니라,

과거를 온몸으로 살아간 '개인'에 초점을 맞춰야 한다는 주장이 최근에 일고 있어.

아파트로 치자면 아파트의 설계 구조나 가구 수가 아니라

아파트의 각 방에 살고 있는 구체적인 개인의 삶을 파악하는 것이 역사라는 거지.

한마디로 역사의 숲이 아니라 나무를 보자는 것으로, 그 나무란 바로 '인간의 얼굴'이라는 거야.

이 속에서 소외된 평범한 농부, 노동자, 여성, 다양한 인종의 사람들 등

갑남을녀의 역사를 복원하는 것이 중요하다는 거지.
역사적인 우리의 사랑♡

사실 과거의 사료 대부분은 왕의 업적이나 국가 정책, 외교에 관한 것이야.

그런데 그들은 전체 인구의 소수에 불과하고

그런 사료들은 과거의 대다수 구성원들이 어떻게 살았는지 말해주지 않아.

당시 평범한 사람들 대부분이 문자를 몰랐던 까닭에 그들에 대한 기록은 빈약할 수밖에 없겠지만,
이게 무슨 뜻이지?

오늘날 우리는 이들 다수의 구성원들이 그 시대를 어떻게 살았는지를 살펴봄으로써

현재와 미래의 우리를 역사의 주인으로 기억하고 기록할 수 있게 되는 거야.
나의 일기장은
미래의 위인전!
DIARY

또 진정한 과거를 이해할 수 있게 되는 거지.

역사가 승자만의 기록이라는 말은 더 이상 맞는 말이 아니야.
이순신
정약용
세종대왕

이렇게 역사의 주인공이 확대되면서 우리의 역사 인식도 더 넓어지게 될 거야.
20C
13C
17C
14C
16C
18C

베토벤, 공화정을 지지하다

18세기 후반부터 19세기 초반까지 활동한 천재 음악가 베토벤은 하이든, 모차르트 등과 함께 '빈 고전파'를 이끌었으며 〈운명〉 교향곡처럼 웅장하고 역동적이며 영혼이 담긴 음악으로 오늘날에도 세계적인 사랑을 받고 있는 음악가입니다.

요제프 칼 슈타이어가 그린
루트비히 판 베토벤의 초상화(1820).

그가 활동하던 시대는 유럽에서 혁명이 일어나던 시기입니다. 프랑스 혁명의 자유와 평등 이데올로기가 확산되고 공화정과 절대 왕정 사이의 힘겨루기가 계속되며, 당대 예술가들도 진보와 보수의 대결 속에서 자신의 노선을 정하고 표방하던 때였죠. 베토벤도 예외는 아니어서 프랑스 출신은 아니었지만 프랑스 혁명의 정신에 공감하던 진보적 음악가였습니다.

프랑스 혁명 이후 등장한 나폴레옹에게 베토벤은 열렬한 지지를 보내며 유럽에서 군주정의 구체제가 없어지고 공화정이 들어서기를 기대했습니다. 그래서 나폴레옹의 정복 전쟁에 대해서도 지지했죠. 심지어는 1804년 〈영웅〉 교향곡을 완성했는데 이는 나폴레옹에 대한 찬사라고 일컬어지는 곡입니다. 이 교향곡은 1악장에서 생기 있고 빠르게 연주되면서 나폴레옹에 의해 열린 새로운 체제에 대한 베토벤의 기대감이 드러나고, 2악장에서는 영웅의 장엄한 죽음이, 그리고 3, 4악장에서는 새로운 세계에 대한 찬미가 형상화되었습니다.

그러나 베토벤이 이 교향곡을 나폴레옹에게 바치려던 시기에 나폴레옹은 자신이 전파하던 자유와 평등의 이념과는 다르게 황제 자리에 등극합니다. 이에 화가

난 베토벤이 자신의 악보를 찢었다는 말이 전해질 정도로 그는 무척 분노했습니다. 황제 즉위는 공화주의자였던 베토벤에게 받아들일 수 없는 일이었기 때문입니다.

나폴레옹 군대는 1813년에 영국의 웰링턴이 이끄는 군대에 의해 스페인의 빅토리아에서 격파됩니다. 이것을 메트로놈의 제작자로 유명한 맬첼이 베토벤에게 음악으로 의뢰했고 베토벤은 〈웰링턴의 승리〉를 작곡하기도 합니다. 나폴레옹에 대한 베토벤의 감정이 어떠했는지를 잘 알려주는 일화죠. 또한 가장 순수한 예술도 역사와 시대에서 벗어날 수 없음을 알 수 있는 예이기도 합니다.

나폴레옹의 마지막 전투가 된 '워털루 전투'.

8장 개인과 사회와의 관계를 말하다

볼프강 아마데우스 모차르트(Wolfgang Amadeus Mozart, 1756년~1791년)

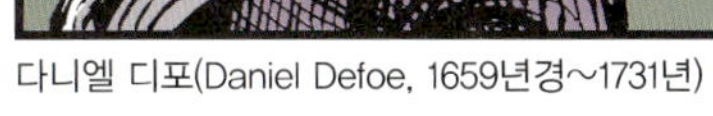
다니엘 디포(Daniel Defoe, 1659년경~1731년)

김유신(金庾信, 595년~673년)

그런 개인적인 면모와 함께 그가 살았던 7세기 시대 상황도 함께 봐야 해.
7세기로 가 볼까? 호호홍~
7세기

고구려와 백제가 연합해 신라를 압박하고 있는 시대 상황과,
펑펑
고구려
백제
신라

신라의 순수한 지배층 출신이 아니라 옛 가야의 왕족 출신이라는 한계를 뛰어넘어야 하는 개인적 상황도 있었던 거야.
흐음…
신라를 구해, 말어?
도와줘야지, 인마! 우리나라에서 재워 주고 먹여 줬잖아!

그가 고려나 조선에 태어났다면,
으잉? 뉘슈?
그 옷은 뭐유~

그 사회에서 과연 성공할 수 있었느냐 하는 것은 장담할 수 없어.
나도 신라에선 활 좀 쐈는데…

그런 점에서 김유신은 당시 신라라는 사회 현실에 자기를 순응시키며 성공한 경우라고 볼 수 있어.
알았어, 도와줄게. 나도 신라 사람이야.
앗싸
앗싸

후후… 그래서 지금의 내가 되었다.
사회적인 틀 안에서의 성취인 거지.
성취

그는 몰락한 가야 출신이므로, 엄격한 혈연적 신분제(골품제) 사회인 상황에 왕족인 성골과 귀족인 진골 사이의
경쟁에서 이기는 것이 쉽지 않았어.

나폴레옹 보나파르트(Napoléon Bonaparte, 1769년~1821년)

아돌프 히틀러(Adolf Hitler, 1889년~1945년)

제1차 세계대전의 패배와 그로 인해 독일이 부담하게 된 엄청난 배상금,

그리고 곧이어 터진 경제대공황으로 쑥대밭이 된 독일의 경제 상황 속에서,
화폐가치

좌절과 절망에 빠진 독일인들은 왜곡된 영웅으로 히틀러를 받아들이게 되는 거야.

그런 맥락을 살피지 않고 히틀러라는 단 한 명에 의해

수많은 독일인들이 기계처럼 아무 감정 없이 유태인을 대량 학살하며

전쟁에 참여했다고 한다면 이보다 더 유치찬란한 답이 또 어디 있을까?
독일
나쁜 사람

독일인들이 자유 의지를 스스로 포기한 이유,
공산주의 만세!

대공황 이후의 독일 경제의 파산,
휴지보다 내가 더 싸다니….

영국과 프랑스의 국제적 대처 방안 등이 모두 원인으로 고려되어야 해.

그렇게 개인에 더하여 정치, 경제, 사회적 원인을 다각도로 규명하는 것이 진정한 역사야.
그러니까 국사 수업은 빼먹을 게 없다구!
나처럼!
꿀!

이것은 문학에서도 마찬가지야.
문학 교과서
수 학
에헴

『흥부전』의 경우를 보면

단순하게 놀부는 심보가 고약한 나쁜 형이고

흥부는 한없이 착한 동생이라고 여기는 것만으로는

『흥부전』을 온전히 이해했다고 할 수 없어.
삑
에구, 에구

놀부와 흥부 모두 당시 사회와 밀접한 관련을 맺고 있으니까.

그리고 겉으로는 인과응보나 권선징악과 같은 주제를 담고 있지만.

전체적으로는 18~19세기 조선 농촌 사회의 모습이 적나라하게 드러나 있어.

놀부는 부를 축적하기 위해 물불을 가리지 않는 사람이야.
후후

옮겨심기인 이앙법, 즉 모내기가 전국적으로 확산되어 벼와 보리의 이모작이 가능해지고,
보리 심고,
벼 심고.

김매기가 수월해지면서 소수의 농민은 경작지의 규모를 확대하고 그에 따라 자연히 소득이 급증하게 돼.
고생 했어요 여보
헤헤

마치 놀부처럼 단기간에 부자가 되는 '부농'이 나타나게 된 거야.
후후…

『흥부전』에서 놀부는 부모에게서 물려받은 논과 밭을 혼자 차지하고 갖은 방법을 동원하여 농사를 짓지.
놀부네

단순히 자급자족적인 농업이 아니라 팔아서 부를 챙기기 위한 거야.
손바닥 만큼에 100냥이요~.
흠~
비싸잖소 너무해
어이쿠

바로 조선 후기 사회에서 상품 작물 재배가 발달한 것을 알 수 있어.
=

놀부는 이윤을 남기기 위해 가난한 흥부가 와도 도와주지 않고 냉정하게 쫓아 버리고,
철썩
어이쿠

남의 밭 애호박에 말뚝도 박고 다 된 흥정 깨면성.자신의 잇속만을 챙겨!
이런 거 못 사!
푹

반면 가난한 흥부는 조선 후기 대다수의 농민을 상징해.
휘잉-

소수의 부농을 제외하면 나머지 농민은 농사지을 땅마저 없게 되고,
남의땅
남의땅
휴우-

남은 것이라고는 자신의 몸뚱이밖에 없는 신세야.

그래서 먹고 살기 위해 자신의 노동력, 즉 품을 파는 일용직 노동자로 전락하지.
오늘 하루 닷냥만 줍쇼
음- 한 마지기 해보시게

18~19세기 조선의 농촌 사회에서 나타난 농민층의 양극화를 아주 잘 보여 주고 있어.

가난한 흥부는 초상난 집에 부고 전하기,
그렇게 되겠답니다. ···
아이고
부고

대장간에서 풀무 불기.

이완용(李完用, 1858년~1926년)

친일인명사전(親日人名辭典): 민족문제연구소가 일제 강점기에 친일 행위를 한 한국인(친일파)의 목록을 정리해 2009년에 발간한 인명사전.

독립협회(獨立協會): 서재필 · 안창호 · 이승만 · 윤치호 등의 개화 지식층이 1896년 한국의 자주독립과 내정개혁을 표방하고 설립한 한국 최초의 근대적인 사회정치단체.

그는 처음부터 친일 매국노가 아니었으며,
그래
맨 처음엔 아니었다

당시 개화와 서구 문명을 받아들이려는 운동을 시작하다,
보쌈 말고,
스테이크 한번 먹어보자!
스…스때꾸가 뭐여..?

결국 개인의 출세와 영달을 위해,
치이일
혼자서라도 먹어 봐야지.

또 우리 스스로의 근대화보다 외국 세력에 붙는 것이 더 낫다는 정치적 판단을 해서 매국노가 된 거야.
MADE IN JAPAN

이처럼 당시 시대와의 관계나 변화 과정 등을 알아보지 않으면, 앞뒤 내용은 모른 채 '매국노 이완용'이라는 이름만 머릿속에 남게 되지.
매 국 노
이 완 용

따라서 시대적 조건과 당대 사회 구조를 전체적으로 볼 필요가 있어.
그런 게 아니었다고 몇 번을 말해!

물론 여기서도 명심해야 할 것은 역사에 대한 도덕적 판단이야.
국사 교과서
어쨌든 결론은 잘못한 거잖아

'어진 왕 세종', '나쁜 왕 연산군'처럼 선과 악의 이분법으로만 역사를 파악하는 것은 역사를 파악하는 데 많은 장애가 되기도 해.
연산군이 뭐 어때서!?
허어 나야 워낙 어질지만
사람은 누구나 장단점이 있어.

'왜 그런 일이 일어나게 되었는가?'라는 원인을 찾기보단
왜 그런 거유?

도덕성과 윤리적인 판단이 앞설 수 있기 때문이야.
나쁜 놈!
퍽!

물론 이런 도덕적 판단을 무시하자는 게 아니야.

인간의 존엄성이 훼손되는 부분은 반드시 짚고 넘어가야 하지.
활활…

특히 현대사로 오면 개인의 도덕적인 잣대가 더 드러나.
인륜
도덕
예절
법

무고한 유태인 민간인이 집단 수용소에서 독가스 등으로 대량 학살되었던 역사나,

일제 강점기에 일본군 위안부로 끌려가 성노예로 온갖 고통을 겪은 위안부 할머니들의 역짜적 증언을 들으면 도덕적 잣대를 꺼내지 않을 수 없어.

진실 화해를 위한 과거사정리위원회: 은폐된 진실을 밝혀 과거와의 화해를 통해 국민통합에 기여하기 위해 2005년에 만들어진 대한민국 국가 기관.

리처드 밀하우스 닉슨(Richard Milhous Nixon, 1913년~1994년)

역사의 원인과 과정, 결과를 파악할 때
두유

개인에 대한 도덕적 판단과 시대와 사회 구조 등에 대한 이해가 동시에 고려돼야 해.
제가 빠지면
아버지가 눈을 뜨실 거예요.
왜? 왜?
땅

위인이냐 악인이냐, 또는 천재냐 범인(凡人)이냐 하는 생각에서 출발한 역사를 보는 시각은,
?

더 나아가 개인이 살고 있는 당대에 대한 분석과 설명도 필수적인 거야.
한국 전통화장실~.

오리-토끼 그림을 보면서 한순간에, 그리고 동시에 그것이 오리이면서 토끼인 것을 파악하는 것은 쉽지 않지.
오리다!
토끼!
오리네~
토끼잖아!

그러나 우리가 고정된 시각을 버리고 진리를 바라보는 두 가지 눈을 얻는 연습을 한다면,
난 눈 두 개인데?
개인과 시대 두 가지를 보자구.

역사 속에서도 개인과 사회를 동시에 바라보며 진실을 이해하는 눈을 가질 수 있을 거야

대공황, 20세기 세계사를 검게 덮다

애덤 스미스는 자신의 저서『국부론』에서 일명 '보이지 않는 손'이라고 칭한 시장을 통해 자연스럽게 수요와 공급이 만나 경제 구조가 형성될 것이라고 보았습니다. 그리고 인간의 이기심이 오히려 전체 사회에서는 유익할 것이라고 내다보았습니다. 그의 말처럼 20세기까지, 그리고 현재도 자본주의 체제는 시장을 기본으로 유지되고 있지만, 이것이 최선은 아니라는 것은 1929년 '검은 목요일', 즉 대공황으로 증명되었습니다.

1929년 10월 24일 목요일, 미국의 뉴욕주식거래소에서 주가가 대폭락하면서 시작된 경제 위기는 곧 영국, 프랑스, 독일 등으로 급속도로 퍼지며 세계 경제에 먹구름을 드리우게 됩니다. 제1차 세계대전 후 미국 주도의 세계 경제는 매우 안정적이고 발전하는 것처럼 보였지만 만성적인 과잉 생산의 누적과 실업자의 증가가 폭탄으로 작용하여 결국 연쇄적인 경제 위기로 폭발하게 된 거죠. 물가폭락, 생산의 축소와 기업의 연쇄 부도, 실업자의 대량 발생 등이 미국에서 유럽으로 파급되었습니다.

아돌프 히틀러의 자서전 『나의 투쟁(Mein Kampf)』.

그나마 아시아나 아프리카에 거대한 식민지가 있었던 영국과 프랑스는 가까스로 이 위기를 넘길 수 있었지만 1차 세계대전의 패배로 막대한 배상금을 지불해야 하는 독일은 더욱 경제 파국으로 치달았고 결국 그들이 선택한

대안은 전체주의 체제인 히틀러의 나치즘입니다.

　반면 대공황의 출발점이었던 미국에서는 루즈벨트 대통령이 영국의 경제이론가 케인즈의 학설을 받아들여 시장에 국가가 전면 개입하는 '수정 자본주의'를 선택하게 됩니다. 사회주의로의 백기 투항이라는 비난에도 불구하고 루즈벨트는 '트럼프의 새 카드를 나누어 준다'는 뜻의 뉴딜 정책을 도입하게 되죠. 뉴딜은 국가가 시장 중심의 자유 경쟁 체제에 개입하여 공공사업을 펼치며 일자리를 창출하는 등의 방식으로 공황을 막는 방법이었습니다. 특히 공공사업계획국을 신설하고 노동법을 고치는 등의 방안으로 그는 사회적 합의를 이끌어내고 댐 건설 등 각종 국책 사업으로 대공황의 위기를 넘어서게 됩니다.

　대공황은 역사적으로도 많은 것을 시사하는데, 과연 사회 체제나 경제 구조가 인간 활동에 가장 결정적인지, 아니면 자율적이고 과감한 선택이 구조를 뛰어넘어 새로운 사회를 구성할 수 있는지에 대한 논쟁이 가능하게 했습니다. 히틀러와 루즈벨트의 등장, 그리고 결국 제2차 세계대전의 발발, 이 속에서 세계는 미국 중심의 경제와 정치 체제를 선택했으며 대공황도 자연히 사라지게 되었습니다.

대공황과 제2차 세계대전을 모두 겪은 미국의 23대 대통령 프랭클린 D. 루즈벨트.

9장 역사의 과거와 현재 그리고 미래

교황 그레고리오 13세(1572년~1585년)

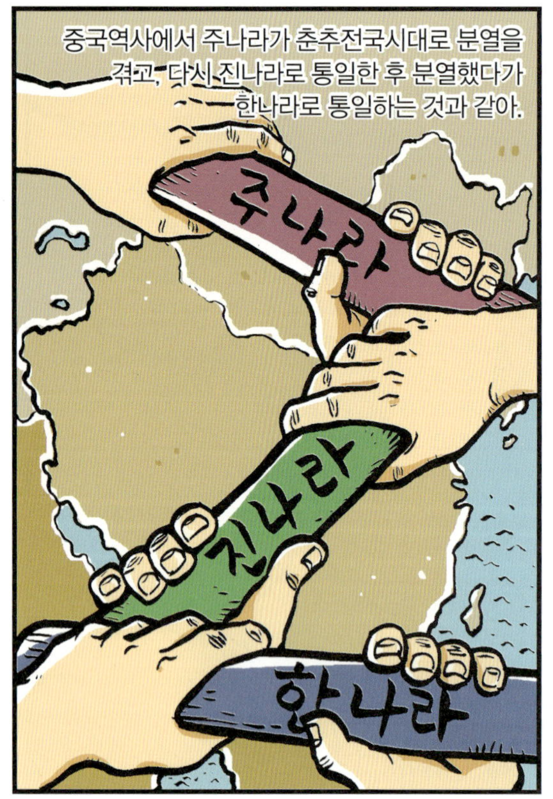

아널드 J. 토인비(Arnold Joseph Toynbee, 1889년~1975년)

예를 들면 이집트 문명이 성장하는 데에는 나일강의 범람이라는 외부의 도전이 있었고,
아이고, 귀한 물소가~!
집도 떠내려 가네!

이런 도전에 대해 이집트 인들은 슬기롭게 대처해 자신들만의 독특한 문명을 남긴 거지.

토인비는 한 문명이 계속 성장하려면 새로운 도전에 대한 응전이 계속 성공해야 하며,
퍽

그 힘의 원천으로 '창조적 소수자'들의 리더십을 꼽았어.
나일강이 범람하는 기간엔 피라미드를 짓도록 하라.
의식주는 해결해 주겠다.
내 생각이지만 정말 기발해.

그런데 대중이 이 리더십을 받아들이지 못하거나,
피라미드?
아니, 웬 사서 고생?
싫어요.

새로운 도전 앞에 구태의연한 리더십으로 대응하면,
나일강이 또 범람 했습니다!
그냥 물 빠질 때까지 기다리라 그래—!
후비 후비

그 문명은 쇠퇴하고 파멸한다고 보았어.
휘이잉
이집트가 있던 곳?

상고주의(尙古主義)는 과거를 황금시대처럼 이상적인 시대로 보며,
옛날이 좋지.
공기 좋고, 인심 좋고.
다툼도 없었을 거야.

그 이후부터 현재까지 역사가 계속해서 쇠퇴하거나 타락했다고 보는 거야.
꺄악 꺄
지금은 왜 이러는지 몰라.
요즘 것들이란.

공자(孔子, 기원전 551년~479년)

세속화(secularization): 종교적 가치와 제도가 매우 동일시되던 사회가 비종교적 가치와 세속적 제도로 변화하는 과정.

사실 과거를 살펴보는 것이 역사라지만 벌써 1초만 지나면 현재가 과거가 되고,
쓱
과거
현재

계속해서 흐르는 역사를 자르는 것도 힘들어.
쏴아
역사
줄줄줄

이런 이유가 역설적이게도 시대 구분의 필요성을 낳는 거야.
그저께 담은 물
어제 담은 물
오늘 담은 물

그리고 어떤 기준으로 과거 시간과 역사를 바라보느냐에 따라

우리가 앞에서 본 것처럼 순환론에서 진보론까지 다양한 역사관이 나타나게 돼.

그중에서도 가장 흔히 쓰는 시간관념 혹은 과거에 대한 시대구분으로 고대–중세–근대라는 3분법이 있어.
중세
근대
고대

서양의 르네상스 시기의 사람들이 자신들이 살고 있는 시대를 이전 시대와 구분했는데
여기서부터는 우리들의 시대!
찌익 —

인문주의가 각 영역에서 꽃피웠던 르네상스라는 자신의 시대를 자랑하기 위해 자신의 시대를 중심으로 과거를 고대와 중세로 나누었다고 해.

카를 마르크스(Karl Heinrich Marx, 1818년~1883년)

원시 공산 사회-고대 노예제 사회-중세 농노제 사회-근대 자본주의 사회 -미래 공산주의 사회로 설정했지.

여기엔 일직선상의 시간 개념을 바탕으로 한 진보론적인 역사관을 가진 그의 사상이 반영되어 있어.
세상의 본질은 물질이며,
경제적 관계가 어떻게 설정되느냐에 따라 한 사회의 모습이 결정된다.

예를 들면 문자가 발명되기 전 아주 먼 원시 시대에
우가 우가!

주로 돌을 도구로 사용하면서 수렵과 채집, 초보적인 농업이 막 시작되던 때에는
이건 먹을 수 있는 걸까?

먹을 것이 얼마 없고 남녀노소가 평등하게 자기 역할에 맞는 노동만 하던 시대라 개인이 다른 개인을 지배하는 사회는 존재하지 않았다고 봐.
우가!
엄마, 물 길어왔어!
우가
여보, 코끼리를 사냥했어!

즉 구석기와 신석기 시대는 원시 공동체 사회라고 본 거지.

그런데 시간이 지나면서 따뜻한 기후와 환경 등을 바탕으로 농업과 목축으로 생산력이 발전하게 되고,
소도 키우고.
닭도 키우고.

도구가 더욱 발전하면서 인류는 다음 단계로 넘어가게 돼.

사유 재산을 늘리기 위해 사람을 죽이는 무기를 고안하고,
갖고 싶다!

전쟁을 일으켜 남의 것을 빼앗고 노예로 만드는 지배와 피지배의 사회로 나아가게 된 거지!

그 사회의 가장 높은 위치에 왕이라 불리는 지배자가 등장하고,
king

나머지 사람들을 노예처럼 부리게 되는 고대 노예제 사회가 나타나.
빨리 빨리 못 와?!
헉헉

고대 그리스·로마나 우리의 고조선부터 고려 이전까지의 시대가 해당돼.

이 시대에는 왕에게 반항하면 곧 죽임을 당하는 것이 정당화되고,
내 말이 곧 법이다!

왕은 자신을 신과 같은 존재로 묘사하며 하늘에 제사를 지내는 등의 정치적·종교적 행사를 진행하지.
왕의 권력은 신이 내려주는 것이므로~
왕=신, 알간?
왕권신수설

그리고 법을 통해 제도적으로 나머지 사람들을 통제하면서 가장 많은 부와 권력을 소유해.
돈으로 수영도 하겠네~
크항항

그런데 이런 사회에서 생산력이 발전하면서

기존의 관계로는 지탱하지 못하고 중세 봉건제 사회로 넘어가게 돼.

이 시대에는 노예의 처지보다 조금은 나아진 '농노'가 생산을 담당하며 영주와 성직자, 왕이 생산수단을 독점하지.
노예보다는 자유롭지만….
힘들긴 마찬가지.
안전을 보장해 줄 테니 일을 해라.

그러다 상공업의 발전으로 일반 시민 중에도 부를 축적한 이들, 즉 자본가 계급이 나타나고,
I와!

자신들의 경제적 능력을 바탕으로 정치적 권리를 주장하다 왕과 충돌하여 혁명을 일으키게 돼.
주춤
이, 이것들이 언제 이렇게 성장했지?

산업 혁명과 프랑스 혁명을 통해
산업혁명 프랑스
빠~앙
근대

근대 자본주의 사회로 들어서게 되는 거야.
여기서 가장 중요한 관계는 자본과 노동이야.

따라서 이전까지의 낡은 관계인 왕을 정점으로 한 신분제는 허물어지게 돼.
와르르
툭

그런데 마르크스는 이 근대 시대에서 신분제는 사라지지만,

여전히 생산 수단은 자본가가 독점하고 있다고 생각했어.
다 내 거!

따라서 다수의 노동자들이 단결하게 되고,
수군.
수군.

필연적으로 사회주의 사회가 출현한다고 예견했어.
짠
사회주의

이 사회주의 사회란 생산 수단의 사적 소유가 없어져서,
모두의 것입니다.

사람들은 능력에 따라 노동하고 필요에 따라 소비하는 이상 사회가 될 것이라고 말했지.
이상 사회

실제 마르크스의 이론을 받아들여 레닌의 볼셰비키 혁명이 러시아에서 일어나며,
타도 임시정부!
인권평등!

20세기에는 자본주의와 공산주의가 대립했지.
자본주의
공산주의

그렇지만 마르크스가 바라보는 시간관과 시대구분은 하나의 방법론일 뿐이야.

오늘날에도 시대를 바라보는 창으로 가장 일반적으로 쓰이고 있지만,
마르크스 자본론

지나치게 도식적이며

과거를 바라보는 보편적인 발전법칙으로 인정하기에는 무리가 있다는 주장도 강하게 존재해.
서양의 역사에는 맞을지 모르지만…

또한 역사가 계급투쟁의 연속이며,
쟁

필연적으로 다음 단계로 넘어갈 수밖에 없다는 법칙을 제시한 것,
착
변증법적 유물사관

역사를 통해 다음 사회를 예견한 것 등이 논리적으로 맞지 않다는 의견도 많아.
자본주의는 필연적으로 멸망하고 공산주의 사회가 도래한다.

그렇지만 역사를 단순한 왕조 교체의 순환론이나 지배층 위주의 정치사로만 보지 않고,
여긴 볼게 없군
흥

사회·경제적 측면에서의 구조 변화를 통해 과거를 바라보며 시대를 구분하려는 데에 의의가 있지.
OK~

그런데 이런 시간관이나 구분론을 다른 나라에도 일률적으로 적용하여 식민 지배를 정당화하려는 경우도 있었어.
앙
킥킥

그리스 신화에 '프로크루스테스의 침대'라는 것이 등장해.

나쁜 도둑인 프로크루스테스는 매번 나그네를 자기 집으로 초대하여 하룻밤 묵고 가게 하는데,

그는 침대를 하나 내 주면서
와

그 침대보다 키가 큰 사람은 다리를 자르고,
켁
뚝

작은 사람은 다리를 침대 길이만큼 늘려 죽였어.
쭈
꿱
욱

결국 그리스의 영웅 테세우스에 의해 그의 악행도 끝이 나고 말지!
크악
최악

프로크루스테스의 침대처럼
고대-중세-근대의 시대 구분과 단계적 논리를 가지고

'보편성'이라는 이름으로 각 나라의 고유하고 독자적인 역사를 재단한 거야.
큭큭

과거 우리가 일제에 의해 식민지배를 받을 때,

그들은 세계사적인 보편 법칙이라는 미명하에 우리의 역사를 마음대로 재단했지.
킥킥

또한 우리 역사는 왕조의 교체만 되풀이됐을 뿐 사회·경제적인 발전은 없었으며,
니들은 이대로 내버려 두면
평생 발전하지 못할 것이므니다.

20세기 초 조선의 상태가 일본의 고대 말기인 10세기경 수준에 불과하다고 주장했어.
이런 패션이 20세기에 가당키나 하므니까?
우리나라는 10세기에도 이런 옷은 안 입었스무니다.

특히 조선은 근대 사회로 진입하는 과정에서 필연적으로 겪어야 할 봉건 사회가 형성되지 못한 상태이기 때문에
고대
중세 봉건 제도
근대
쿡쿡
너희는 이곳에서 정체 중인 것이므니다. 알간?

일제에 의한 지배는 근대화라는 명분으로 식민지배를 정당화했어.
우리가 근대화로 이끌어 주겠다는데,
고마워하지는 못할망정!

과거의 시간 속에 활동한 인간을 파악하는 하나의 방법론이 침략과 지배의 도구로 이용되기도 했던 거야.

백남운(白南雲, 1894년~1979년)

페르낭 브로델(Fernand Braudel, 1902년~1985년)

서로가 느끼는 시간 개념이 애초에 다르다는 거야.

이런 생각을 확대하면 각각 다른 문명과 구조 속에서 사는 사람들이 느끼는 시간은 전혀 다르다는 거지.

그리고 인류 역사 전체를 볼 때, 소수의 사람들이 정치적 사건 속에서 겪는 '빠른 시간'보다는

거주하는 지역의 지리적 특성과 기후, 물질적 조건 등에 의해 느껴지는 '거의 정지된 시간',

혹은 '장기 지속의 시간'이 인간의 삶에 더 많은 영향을 미칠 수도 있다는 거야.

식량, 기후, 생태계, 인구 증감 등의 현상이 장기적으로 경제적 변동과 함께 인간의 삶을 구조적으로 이끌 수도 있다고 보았어.

이처럼 브로델은 크게 세 개의 서로 다른 시간을 설정했어.

자연적이고 지리적인 '거의 정지된 시간',

사회 · 경제 구조가 변화하는 '느린 시간',
끼릭

그리고 정치적 사건이 지배한 '빠른 시간'으로 구분했어.

이것은 기존 역사의 '과거–현재–미래'로 이어지는 직선적 시간 개념을 버리면서,
과거
현재
미래
와르르
와르르

동시에 서양의 우월한 문명에 의해서 규정된 근대 세계와 역사가 진보한다는 믿음을 인정하지 않은 거야.
역사는 진보한다
NO

브로델은 이 세 개의 시간에 맞춰 세계사를 종합적이고 구조적으로 다시 쓰고자 했지.

한 과학자는 시간이란 '인과적 순서를 가진 하나의 관념'이라고 했어.
12
11
10
9
8
7
6
5

어떻게 보면 시간은 그것 자체로 존재하는 것이 아니라,
3분
3분 라면

하나의 현상이자 우리가 지난 일을 파악하기 위한 또 다른 조건일지도 몰라.
역
후루룩~
라면

역사는 이 속에서 인간들이 무엇을 향해 어떻게 살았는가를 말하려고 해.
저녁 밥이닷!
우리

우리는 이런 역사를 시대구분을 통해 좀 더 체계적 파악하고 이해할 수 있고,
탁탁탁

이전 시대와 그 다음 시대를 비교해 보면서 무엇이 변화됐는지를 알게 되지.
중세
?
!
근대

또한 좀 더 나아가 세계사에서 우리 인류가 지금까지 발전한 과정을 알게 됨으로써,
근대
중세
고대
원시
현대

향후 어렴풋이나마 미래에 어떤 시대를 열어갈 것인가를 고민하고 계획을 짤 수 있는 거야.

인류의 꿈과 가치가 역사 속에서 실현되다.

　2008년 8월, 미국 민주당 전당대회에서 미국 최초의 흑인 대통령 후보인 버락 오바마가 후보 수락 연설을 했습니다. 이를 지켜 보던 많은 미국인들은 45년 전 흑인 인권을 위해 평생을 바치며 '나에게는 꿈이 있습니다.'라는 명연설을 남긴 마틴 루터 킹을 떠올렸다고 합니다. 그리고 오바마는 미국을 '모든 국민에게 자신의 삶을 가장 잘 이용할 수 있는 기회를 주는 곳'으로 만들기 위해 후보 등록을 했고 결국 최초의 흑인 대통령이 되었습니다. 이는 한 개인의 명예를 넘어서 세계사적으로도 큰 의미를 가진 역사적 사건이죠.

　역사에서 위인전이나 만화처럼 선과 악을 나누거나 무엇이 참된 것이라고 말하는 것은 지극히 위험한 일입니다. 그럼에도 불구하고 우리는 역사를 통해 무엇이 참이고 거짓인지, 그리고 무엇이 인류에게 가치가 있는 일이며 반대로 해가 되는 일인지를 배웁니다. 그중 한 가지로 링컨의 노예 해방 선언과 마틴 루터 킹의 인권 운동, 그리고 오바마의 대통령 당선까지 일련의 사건을 인류의 정치적 발전으로 평가할 수 있습니다.

　가장 민주적인 국가라는 미국에서 흑인 노예는 당연시 되어 왔고 이를 해방시킨다는 일이 오히려 남북전쟁이라는 적대적 대결까지 일어나게 되었으며 링컨의 암살로까지 이어지게 됩니다. 링컨의 유명한 '국민의, 국민에, 의한 국민을 위한'이라는 게티즈버그 연설을 통해서 우리는 민주 사회와 민주주의 국가가 어떻게 구성되고 유지되어야 하는지 간단히 확인하게 됩니다. 그러나 그것이 실제로 정착하기까지는 더 많은 시간을 필요로 했으며, 20세기 후반 마틴 루터 킹의 민권 운동까지 이어지게 되었습니다.

　1960년대 마틴 루터 킹의 정치적 요구는 별다른 것이 아니었습니다. 그의 말처럼 '전에 노예였던 이들의 자손들과 이전에 노예 주인이었던 자손들이 형제애의 식탁에 함께 둘러앉는 것', 그리고 '피부색이 아니라 인격으로 평가받는 나라에서 사는 것'이 전부였죠. 그러나 미국 사회는 이를 당시까지도 받아들이지 않았고 오히려 마틴 루터 킹의 순교 아닌 순교를 요구했습니다. 그리고 21세기에 이르러 세계 최강국이자 민주주의 국가인 미국은 흑인 대통령 오바마를 선택하게 되죠.

　역사는 명확한 목표를 향해 나가는 것이 아니더라도 인류의 보편적 꿈과 가치를 반드시 이뤄내기 위해 수많은 이들이 함께 만들어나가며 그것이 현실화되는 시공간이기도 하다는 사실만은 확인할 수 있습니다. 그런 점에서 역사는 여전히 정치적인 것입니다.

링컨 기념관에 전시된 '게티즈버그 연설문'.
ⓒJan Kronsell

10장 역사를 통한 드넓은 성찰

아이작 뉴턴 경(Sir Isaac Newton, 1642년경~1727년)

1492년 콜럼버스는 인도로 가는 새 항로를 찾아 출발했는데,
제군들, 나를 따르라!

오늘날 미국과 쿠바 근처의 한 섬에 도착하고는,
인도다!
인도를 발견했다!
인도가 어디여?

원주민들이 '과나아니'라고 부르는 섬을 '산살바도르', 즉 '구세주의 섬'이라고 이름 붙이지.
나의 완벽한 작명 센스!
촥

콜럼버스는 죽을 때까지 자신이 발견한 신대륙을 인도라고 착각했고,
흐흐… 내가 인도를 발견했어, 내가….
꼴까닥.

오늘날에도 우리는 아메리카 대륙의 일부를 '서인도제도'라고 불러.
우물 우물
서인도제도네.

콜럼버스의 서인도 제도가 틀렸음에도 불구하고 그 영향은 대단해서,

훗날 영국과 네덜란드 등이 진짜 인도를 식민지로 삼기 위해 진출하면서 이 '동인도(東印度)'라는 표현을 써.
콜럼버스가 발견했던 곳이 서인도 였으니까….
여기는 동인도라고 해야겠다.

그리고 우리는 아메리카 원주민들을 '인디언'이라고 부르지.

그러나 신대륙의 발견이나 '인디언'이라는 명칭 등 모두 오로지 서양의 관점만을 반영하고 있어.
인도 인들이니까, 너희는 인디언이다!
인디언이 뭐지?

서양인들의 눈에 띄지 않았을 뿐,

예전부터 아메리카 대륙과 원주민들은 존재했고
그들만의 역사를 가지고 있었는데, 말이야.

예를 들면 이곳에는 다양한 부족과 함께 마야와
잉카 등과 같은 거대한 문명도 존재했었지.

하지만 이런 독자적 문명과 역사는 서양인의 눈에
미개한 야만인의 것일 뿐이고,
저게 뭐야?
야만인들이 하는 짓은 이해할 수 없어.

따라서 콜럼버스의 발견에 의해 서양의 기독교와
근대 문명이 전해지면서 세계사 속에 편입될 수
있었던 거야.
이리 와.
세계사에 넣어 줄게.

콜럼버스의 '발견'이라는
관점의 역사는 이것만이
아니야.

발견 이후 원주민들과 서양인들
사이에는 교류보다 충돌이 발생했고,
결과적으로 서양인에 의한
지배가 확산되지.
탕!
크르릉
홍~
덜덜

콜럼버스의 발견으로 유럽에 알려진 서인도제도에는 타이노 족과 아라와크 족이라는 원주민들이 있었어.

그러나 아메리카 대륙의 금과 보석을 탐한 스페인에 의해

콜럼버스가 산살바도르에 온 지 10년도 못 되어 여기 살고 있던 원주민 부족 수십만 명이 몰살을 당해.

유럽인에 의한 발견이 정복으로 이어지는 현상은 그 이후에도 계속돼.
캭캭

가장 충격적인 것은 페루의 고지대에 있던 잉카에 대한 스페인의 정복이야.

잉카(Inca)
15세기부터 16세기 초까지 남아메리카의 중앙 안데스 지방에 있었던 고대 제국.

피사로가 이끄는 스페인의 168명의 군인은

8만 대군을 이끌고 있던 잉카 제국을 무찌르고 잉카의 황제마저 생포해.

아무리 스페인이 강력한 전투력과 총을 보유하고 있었더라도,

168명이 8만을 무찌르는 게 어떻게 가능했을까?
덜덜
숫자 속인 거 아냐?

가장 설득력 있는 주장은 제레드 다이아몬드의 『총, 균, 쇠』라는 책에 나오는데,

제레드 다이아몬드(Jared Mason Diamond, 1937년~)

잉카 제국이 무너지게 된 결정적인 요인은 유럽인에 의해 퍼진 전염병, 즉 세균이라는 거야.

콜럼버스와 스페인 인들이 아메리카에 들어오면서 자연스럽게 가지고 온 것 중 하나가 바로 전염병이지.

8만 대군의 잉카 황제가 잡히기 전에 이미 잉카에는 유럽에서 들어온 천연두로 많은 원주민들이 급속히 죽어가고 있었어.

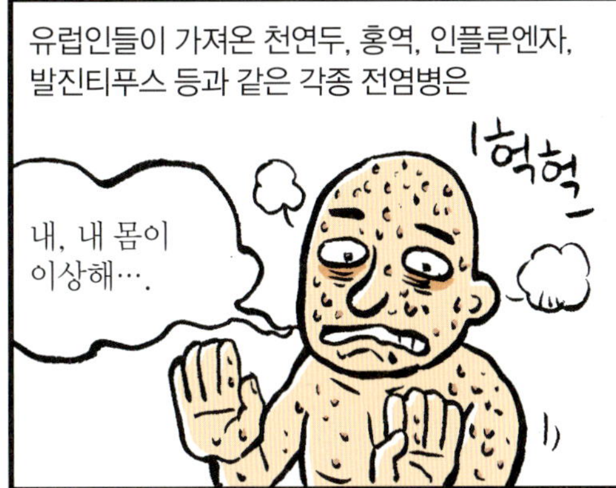

유럽인들이 가져온 천연두, 홍역, 인플루엔자, 발진티푸스 등과 같은 각종 전염병은

면역성이 전혀 없던 원주민에게 빠르게 퍼져 나갔지.

이 전염병으로 스페인 군대가 본격적으로 오기 전 잉카 황제와 신하들은 이미 죽었고,

그 바람에 왕자들 간의 왕위 계승 문제를 놓고 잉카는 분열 위기에 처해진 상황이었어.

실제 콜럼버스가 도착한 이후 유럽의 전염병으로 인해
원주민의 인구수가 한두 세기에 걸쳐 최대 95%가 감소했다는 주장도 있어.
으악
으악~ 그럼 100명이 있었다면 5명만 남은 격이네?!

물론 전염병에 더하여 스페인의 쇠갑옷, 쇠투구 등은

원주민들이 쓰는 곤봉을 너끈히 막아낼 만한 위력을 가졌지.
헉
크크..

거기에 빠른 말과 엄청난 소리로 공포를 자아낸 스페인의 총은 잉카 인들을 혼란과 두려움에 빠트렸지.
탕!
크하하
탕!
악! 마치 천둥이 치는 것 같아!

결국 유럽의 신대륙 '발견'은 정복으로 이어졌고,
덜덜
덜덜

그로인해 원주민들의 문명은 오늘날 제대로 남아 있을 수 없게 되었어.

우리가 미국을 포함한 아메리카의 역사를 제대로 알아야 하는 이유가 여기 있어.

이미 여기에 마야나 잉카 같은 고유한 문명을 가진 국가가 있었는데,

서양 관점에서의 '발견'이 아메리카 원주민에게는 엄청난 '재앙'이었음을 알아야 해.

한 번쯤 우리가 서양의 눈으로 역사를 보고 있지는 않은지 생각해 봐.

이런 서양의 편견을 넘어서는 순간 우리는 잘 모르는 지역이나 사람들에 대해

편견과 무지, 오해에서 벗어나 그들을 이해할 수 있는 새로운 눈을 갖게 돼.
!

따라서 역사를 제대로 알아야 세상에 대해 올바른 시선을 가질 수 있는 거야.
우린 친구!
칭구!

서양 중심으로 세상을 바라보는 편견은 '십자군 원정'에서도 나타나지.

십자군 원정은 유럽에서 11세기부터 13세기까지 기독교의 성지인 예루살렘을 탈환하기 위하여 총 8회에 걸쳐 이슬람 세력과 겨룬 원정이야.

우리는 세계사에서 이 십자군 원정을 오로지 유럽의 역사로만 배우지.

셀주크튀르크라는 이슬람 세력에 의한 순례자들의 수난이 원인이었고,
교황님, 순례자들이 박해를 받고 있다고 합니다!

살라딘(1137년~1193년)

이슬람은 오늘날 세계의 4분의 1을 차지할 정도의 세계 최대 단일 문화권을 형성하고 있지.
이슬람교에서 섬기는 알라신은 유대교, 기독교의 유일신과 같은 거야.

이슬람 제국에서는 기독교나 유대교 등의 종교적 자유와 경제적 권리 등을 인정했어.
타 종교인이 이슬람으로 개종을 하면 각종 세금을 면제.
개종을 강요하기보다는 상대의 종교를 인정.

과연 우리가 편견 없이 이슬람을 보고 있는지 한번 돌아볼 필요가 있지.
우리를 어떤 사람들이라고 생각하고 있나요?

이슬람은 아시아에서도 매우 넓게 퍼져 있는데,

세계 최대 이슬람 국가가 바로 동남아시아에 위치한 인도네시아야.

그곳은 이슬람 정복 때문이 아니라 이슬람 상인과의 교역을 통해 번창했어.

무슬림: 이슬람교를 믿는 사람.

다문화 가정이 100만 명에 육박하고 있는 우리 사회에서
한국으로 시집온 지 10년 됐슈.
그래서 그렇게 말을 잘하는구먼!

이웃 아시아 인들의 고유한 역사와 문화, 종교를 제대로 이해하지 못한다면,
앞 동네 사는 베트남 아가씨 아녀?
돈 때문에 결혼하러 온 거지?
헉

우리의 시각은 마치 서구 사회가 과거 우리에게 그랬듯이, 그들을 편협하고 차별적인 시선으로 대할 수밖에 없어.
재산 갖고 고향으로 돌아가 버리는 거 아녀?
그런 거 아닌데…
수군 수군
양

아시아 국가들 중에는 서양과 일본 제국주의의 이중고에 시달린 국가도 많아.
서양
일본
필리핀

대표적인 예로 필리핀은 스페인과 미국의 식민 지배를 받다가,
스페인
미국

1942년부터 1945년까지 태평양 전쟁 중 일제의 침입으로 고통 받기도 했어.
악
쿵
일본

일제에 의한 식민 경험을 겪은 우리로서는 이런 공통된 역사를 가진 이들을 더욱 제대로 이해할 필요도 있어.
그래, 우리가 몰라주면 안 되지!
불끈!

그들도 우리처럼 나름의 독립 운동을 했고 민주주의와 경제 발전을 위한 노력을 계속하고 있기 때문이지.

사실 우리도 1883년 미국의 초대로 '보빙사'라는 단체를 만들어 최초로 미국을 방문했을 때,

한복에 갓을 쓰고 온 이국적인 사람들로 취급받았지.
모자는 중절모인가?
저 치렁치렁한 옷은 뭐지?
좀 큰데….

그리고 '고요한 아침의 나라'라고 소개되기도 했어.
'조선'이라는 한자 내용을 번역하면
'아침의 나라' 정도로 해석된다고 해.

우리의 진정한 모습을 알릴 수 없던 시대에 서양의 눈에 비친 모습으로 그저 그들에 의해 규정되었어.

당시 통역을 담당한 하버드 학생의 표현인 '고요한 아침의 나라' 조선은 외국의 눈에 정말 이질적이고 독특한 존재로 보였을 거야.
에헴
와우, 어메이징!
이렇게 이상한 문화는 처음 봐. 컬쳐 쇼크!

사실 '고요하다'는 표현은 좋을 수도 있지만,
조용하니 좋네.

변화가 없고 정체되어 있다는 느낌도 들어.
지루해….

중요한 것은 우리 스스로 우리를 표현할 수 없었던 역사적 시기가 있었다는 거야.

이제 선진국의 대열에 들어섰다면 우리와 함께 더불어 사는 세계에 대한 편견에서 벗어나야 할 거야.
혹시라도 왜곡된 역사 인식을 가지고,
다른 나라와 그 속의 사람들을 보고 있는 건 아닌지 말이야.

사실 예전의 역사란 기록을 남긴 이들의 것이었는데,
먼저 쓴 사람이 임자야.

이들은 바로 역사에서 승리한 자, 주로 서양인이거나 남성 지배층이었지.
역사 역사 역사 역사 역사
우글 우글

그렇지만 우리가 오늘날 배우는 역사는 여성, 노동자, 농민, 다양한 인종의 평범한 사람들까지 세상 모두가 소중하고 동등한 역사의 주인임을 알려주고 있어.
♬

이제 이렇게 다양한 목소리를 통해 과거의 사실과 진실에 다다르게 되는 거야.
의견

또 역사를 통해 인간의 다양한 삶과 사회에 대한 근본적인 성찰을 할 수도 있어.
하하
하하

우리가 역사를 배우고 내 나름의 역사적 관점을 가져야 하는 이유가 바로 이런 것이 아닐까?
……
하하

역사는 사료라는 증거를 통해 과거를 복원하는 작업이지만,
사료

단순하게 과거 사실을 나열하는 것이 역사는 아니야.
흥!
이것만으론 만들 수 없어.
사료
사료
사료

인간과 그를 둘러싼 사회와 환경 등에 대한 탐구를 통해
진실은 무엇일까?
음…

진리를 찾고자 하는 의미 있는 작업이지.
……
아직 밝혀지지 않은 뭔가가 있는 게 아닐까?

역사가들은 이를 위해 객관적인 사실과 주관적인 해석,
풍풍
풍
객관적 사실
역사적 상상력
주관적 해석

그리고 역사적 상상력까지 도입해서 우리에게 다양한 역사의 얼굴을 보여 줘.

이렇게 역사가들이 자신만의 관점과 방법으로 펼쳐 놓는 역사도

어쩌면 타임머신을 타고 돌아가 보면 과거의 아주 일부분이거나 정반대의 상황일지도 몰라.

마르셀 프루스트(Marcel Proust, 1871년~1922년)

파도가 절정의 높이에 이르면 흰 물방울로 흩어지면서 무너지듯이 사라지고 침묵하는 거야.

역사라는 넓고 깊은 지혜의 보물창고는
언제나 열려 있음을 잊지 않길 바라!

넘나들며 읽기

새롭고 창의적인 키워드를 만들어 내기 위해서는 기존의 개념을 잘 이해해야 합니다. 창의적인 것이란 이 세상에 존재하지 않는 것을 만들어 내는 것이 아니라 기존의 것들을 잘 섞고 혼합하여 폭을 넓히면서 만들어지는 것이니까요. 이 책에서 읽은 내용을 바탕으로 창의적인 사고를 펼쳐 볼까요?

역사, 어떻게 읽어야 할까?

다음의 시를 읽어 봅시다. 브레히트라는 독일의 시인이 쓴 시입니다.

성문이 일곱 개나 되는 테베를 누가 건설했던가?
그 책 속에는 왕의 이름들만이 있다.
그 왕들이 바윗덩어리들을 끌어 왔던가?
그리고 몇 차례나 파괴되었던 바빌론—

그때마다 누가 그렇게 많이 그 도시를 재건했던가?

황금빛 찬란한 라마에서 건축노동자들은 어떤 집에 살았던가?

만리장성이 완공된 날

그날 저녁 벽돌공들은 어디로 갔던가?

위대한 로마는 개선문들로 넘친다.

누가 그것들을 세웠던가?

로마의 황제들은 누구를 정복하고 승리를 거두었던가?

혼히들 칭송되는 비잔틴에는 그 시민들을 위한 궁전들만 있었던가?

전설의 나라 아틀란티스에서조차

바다가 그 땅을 삼켜버리던 밤에 물에 빠져 죽어가는 자들은

그들의 노예를 찾으며 울부짖었다.

젊은 알렉산더는 인도를 정복했다.

그가 혼자서 해냈을까?

시저는 갈리아를 쳤다.

적어도 취사병 한 명쯤은 데려가지 않았을까?

스페인의 필립왕은

그의 함대가 침몰 당하자 울었다. 그 외에는 아무도 울지 않았을까?

프리드리히 2세는 7년 전쟁에서 이겼다.

누군가 그 외에도 승리하지 않았을까?

역사의 페이지마다 승리가 나온다.

승리의 향연은 누가 차렸던가?

십년마다 한 명씩 위대한 인물이 나온다.

누가 그 비용을 계산했는가?

그처럼 많은 사실들.

그처럼 많은 의문들.

역사는 승자의 기록이라는 이야기가 있습니다. 하지만 승자 혼자서 만든 역사가 아니기에 역사에는 묻혀 있는 목소리가 있는 법입니다. 위인들을 통해서 역사를 알게 되는 것도 한 가지 방법이지만, 역사를 만든 사람들이 위인들만이 아니라는 것을 알고 좀 더 넓은 시각에서 사회와 역사를 바라보는 지혜가 필요하지 않을까요?

더 생각해 보기

- 옛날 역사책을 보면 영웅들(왕, 장군)의 이야기만 나오는 경우가 많습니다. 그 시대에 평범한 사람들은 어떻게 살았을지 생각해 봅시다. 그 사람들의 이야기를 들으려면 어떻게 해야 할까요?

- 역사를 바라보는 눈은 오늘날 사회를 바라보는 시각과 유사합니다. 예를 들어, 스포츠 스타나 천재 과학자가 나타났을 때 그런 사람이 나오기까지 많은 경쟁자나 동료들, 스승이나 친구들이 있어야 가능하다는 걸 생각해 본 적이 있나요? 위대한 역사적 업적을 사례로 들어서 얼마나 많은 사람들이 필요했을지 한 번 생각해 보세요.

창의적 독서란 책이 주는 정보를 정보 그대로 이해하는 것이 아니라 자기 것으로 만드는 독서를 일컫는 말입니다. 이 책에서 넘나들기를 한 분야 외에 세상의 많은 분야와 정보가 모두 이 책을 중심으로 뻗어나갈 수 있을 것입니다. 이 질문은 여러분들이 창의적인 상상을 할 수 있도록 도와주는 것들입니다. 최선의 답은 있으나 정답이 있는 것은 아닙니다. 책의 내용과 관련지어 다음과 같은 질문들에 간단하게 생각을 해 봅시다.

유럽의 대학 중에는 수백 년의 역사를 가진 곳들이 있습니다. 그곳에서 오랫동안 지켜온 관행을 두고 이런 논쟁이 벌어졌어요.

A: 지난 400년 동안 해온 관행을 바꾸자는 겁니까?
B: 지난 400년이 예외적인 시기였을 수도 있으니까요.

이 대화에서 힌트를 얻어 '현재까지의 역사를 보는 것'과 '미래의 시점을 생각하고 역사를 보는 것'은 어떤 차이가 있을지 생각해 보세요.

19세기에는 '지금까지 여성이 정치에 참여해 본 적이 없다.'며 여성의 참정권을 반대한 사람들도 있었답니다. 이렇듯 사례를 들어서 과거의 무게와 미래의 혁신 사이의 문제를 고민해 보세요.

최근 경제학자 장하준 교수는 '세탁기가 인터넷보다 더 많은 변화를 가져왔다.'는 주장을 해서 화제가 되었습니다. 이 말이 옳다, 그르다를 따지기 전에 어떤 발명품이나 새로운 신기술이 세상을 어떻게 바꾸었는지를 아는 것도 역사 인식의 한 부분이라는 걸 생각해 보세요. 예를 들어, 지난 1,000년간 혹은 2,000년간 혹은 인류의 탄생 이래 가장 중요한 발명품은 무엇이었을까요?

'지난 2,000년간 가장 위대한 발명품'을 과학자들에게 물었을 때 가장 많이 나온 답변은 인쇄술의 발명이었답니다. 하지만 지우개라든가 건전지라든가 재미있는 답변이 많았어요. 여러분들도 독창적인 답변을 내놓고 그 이유를 설명해 보세요.

경주 석굴암 등의 문화재는 엄밀한 과학적 입장에서 보면 암석 같은 물질의 덩어리에 불과합니다. 그럼에도 불구하고 그것들은 경제적으로 환산할 수 없는 가치를 품고 있다고 많은 사람들이 생각해요. 그 가치의 근원이 무엇이라고 설명할 수 있을까요?

우리가 갖고 있는 상식이나 통념의 근거를 다시 생각해 보고 설명하는 게 사실은 가장 어려운 일 중 하나입니다. 자연스럽게 갖게 된 생각이라 당연하게 여기거든요. 오래된 역사적 유물들이 가치 있는 이유는 무엇일까요? 물론 우리는 어린아이를 구하기 위해서라면 (다른 방법이 없다면) 유물을 파괴하는 길을 선택할 테지만요.

역사극은 그 무대를 과거의 특정한 시대와 공간으로 설정한다는 점에서 역사적 사실을 토대로 할 수밖에 없지만, 많은 역사극은 실제로 허구를 포함하고 있고, 심지어 현대적 요소(예컨대 복장이나 용어 등)를 가미한 소위 '퓨전 사극'입니다. 예를 들어, 몇 년 전 대단한 인기를 얻었던 사극 드라마 〈허준〉에서 허준의 스승 유의태는 실제로는 허준보다 후대의 인물로서 극중 인물 유의태와는 이름 이외에는 거의 공통점이 없지만 극적인 즐거움을 위해서 각색된 것입니다. 드라마나 영화, 소설에서 역사를 가공해서 허구를 만드는 것에 대해 어떻게 생각하나요?

사실 그 자체가 중요한 것일까요, 아니면 역사의 또 다른 진실을 드러내기 위해 각색은 허용될 수 있는 것일까요? 만일 후자라면 역사와 소설의 차이는 무엇일까요?

'나의 역사'라는 글을 써 보세요. 먼저 어떻게 쓸 수 있을지 그 과정을 생각해 봅시다. 찾을 수 있는 자료들은 무엇이고 어떤 사람들의 증언을 이용할 수 있을까요? 자기가 기억할 수 없는 이야기를 '역사'로 정리하는 작업을 통해 여러 사람들의 시각과 자료가 종합해 한 사람의 전기를 쓰는 것이 얼마나 어려운지 경험해 봅시다.

'나의 역사'지만, 결국 다른 사람들과 자료가 말해주는 역사를 '나의 시각'에서 다시 재구성하는 것이 되겠지요? 부끄럽거나 감추고 싶은 일도 솔직하게 역사에 포함시키고 있나요?

아침부터 저녁까지 시간별로 일상의 일과를 적는 일기와 그날 자신이 느끼고 생각한 것을 적는 일기 중 나중에 '나의 역사'를 돌이켜보기에 좋은 일기는 어떤 것일까요? 일지를 꼼꼼히 기록해야 하는 일과 나의 느낌이 중요한 일이 어떻게 다를지 예를 들어 생각해 봅시다.

역사에는 두 가지 모두가 필요하답니다. 역사적 사건의 순서와 정확한 기록이 필요할 때가 있고, 때로는 참여한 사람들이 어떤 생각이었는지가 중요할 때가 있지요. 자신의 일상을 기록하는 일기에서도 그런 구별이 필요할까요? 어떨 때 그럴까요?

역사가 사람들의 호기심을 끄는 건, 풀리지 않는 미스터리가 무궁무진하기 때문입니다. 마치 추리소설을 읽는 것처럼 왜 그런 일이 벌어졌을까를 놓고 진지한 탐구를 하며 지적인 즐거움을 느낄 수 있거든요. 인터넷이나 책을 통해 논쟁이 벌어지고 있는 역사의 미스터리를 찾아서 정리해 봅시다. 다양한 의견과 그 논거를 정리한 뒤, 자신의 생각을 덧붙여 나만의 역사 파일을 만들어 보는 건 어떨까요?

'고조선은 중국에 있었을까, 아니면 한반도에 있었을까' 하는 고대사의 논쟁도 있지만 '정말로 삼국지의 100만 대군은 100만이었을까'를 놓고 추측을 나누는 사람들도 있습니다. 도대체 무엇에 쓰는 물건인지를 놓고 즐거운 논의를 하기도 하구요. 무궁무진하도록 다양한 사례들이 있으니 즐겁게 탐구해 봅시다.

이어령의 교과서 넘나들기 역사편

펴낸날	초판 1쇄 2011년 4월 20일
	초판 4쇄 2014년 5월 23일

콘텐츠 크리에이터	이어령
지은이	최경석
그린이	모해규, 김강섭
기 획	손영운
펴낸이	심만수
펴낸곳	(주)살림출판사
출판등록	1989년 11월 1일 제9-210호

주소	경기도 파주시 광인사길 30
전화	031-955-1350 팩스 031-624-1356
기획 · 편집	031-955-1392
홈페이지	http://www.sallimbooks.com
이메일	book@sallimbooks.com

ISBN	978-89-522-1553-6 03900
	978-89-522-1531-4 (세트)

※ 값은 뒤표지에 있습니다.
※ 잘못 만들어진 책은 구입하신 서점에서 바꾸어 드립니다.
※ 본문에 수록된 도판의 저작권에 문제가 있을 시
    저작권자와 추후 협의할 수 있습니다.

책임편집 장선영